本书由
中央高校建设世界一流大学（学科）
和特色发展引导专项资金
资助

中南财经政法大学"双一流"建设文库

生 | 态 | 文 | 明 | 系 | 列 |

基于碳金融发展视阈的
产业转移研究

雷鹏飞　著

中国财经出版传媒集团

经济科学出版社
Economic Science Press

图书在版编目（CIP）数据

基于碳金融发展视阈的产业转移研究／雷鹏飞著．
—北京：经济科学出版社，2020.11
（中南财经政法大学"双一流"建设文库）
ISBN 978 – 7 – 5218 – 2021 – 8

Ⅰ.①基… Ⅱ.①雷… Ⅲ.①二氧化碳 – 排污交
易 – 金融市场 – 研究 – 中国 ②产业转移 – 研究 – 中
国 Ⅳ.①F832.2 ②X511 ③F269.24

中国版本图书馆 CIP 数据核字（2020）第 210326 号

责任编辑：白留杰　侯晓霞
责任校对：刘　昕
责任印制：范　艳　张佳裕

基于碳金融发展视阈的产业转移研究

雷鹏飞　著

经济科学出版社出版、发行　新华书店经销
社址：北京市海淀区阜成路甲 28 号　邮编：100142
教材分社电话：010 – 88191309　发行部电话：010 – 88191522
网址：www. esp. com. cn
电子邮箱：bailiujie518@126. com
天猫网店：经济科学出版社旗舰店
网址：http：//jjkxcbs. tmall. com
北京密兴印刷有限公司印装
787 × 1092　16 开　10.25 印张　180000 字
2021 年 4 月第 1 版　2021 年 4 月第 1 次印刷
ISBN 978 – 7 – 5218 – 2021 – 8　定价：42.00 元
（图书出现印装问题，本社负责调换。电话：010 – 88191510）
（版权所有　侵权必究　打击盗版　举报热线：010 – 88191661
QQ：2242791300　营销中心电话：010 – 88191537
电子邮箱：dbts@esp. com. cn）

总　序

　　"中南财经政法大学'双一流'建设文库"是中南财经政法大学组织出版的系列学术丛书，是学校"双一流"建设的特色项目和重要学术成果的展现。

　　中南财经政法大学源起于1948年以邓小平为第一书记的中共中央中原局在挺进中原、解放全中国的革命烽烟中创建的中原大学。1953年，以中原大学财经学院、政法学院为基础，荟萃中南地区多所高等院校的财经、政法系科与学术精英，成立中南财经学院和中南政法学院。之后学校历经湖北大学、湖北财经专科学校、湖北财经学院、复建中南政法学院、中南财经大学的发展时期。2000年5月26日，同根同源的中南财经大学与中南政法学院合并组建"中南财经政法大学"，成为一所财经、政法"强强联合"的人文社科类高校。2005年，学校入选国家"211工程"重点建设高校；2011年，学校入选国家"985工程优势学科创新平台"项目重点建设高校；2017年，学校入选世界一流大学和一流学科（简称"双一流"）建设高校。70年来，中南财经政法大学与新中国同呼吸、共命运，奋勇投身于中华民族从自强独立走向民主富强的复兴征程，参与缔造了新中国高等财经、政法教育从创立到繁荣的学科历史。

　　"板凳要坐十年冷，文章不写一句空"，作为一所传承红色基因的人文社科大学，中南财经政法大学将范文澜和潘梓年等前贤们坚守的马克思主义革命学风和严谨务实的学术品格内化为学术文化基因。学校继承优良学术传统，深入推进师德师风建设，改革完善人才引育机制，营造风清气正的学术氛围，为人才辈出提供良好的学术环境。入选"双一流"建设高校，是党和国家对学校70年办学历史、办学成就和办学特色的充分认可。"中南大"人不忘初心，牢记使命，以立德树人为根本，以"中国特色、世界一流"为核心，坚持内涵发展，"双一流"建设取得显著进步：学科体系不断健全，人才体系初步成型，师资队伍不断壮大，研究水平和创新能力不断提高，现代大学治理体系不断完善，国际交流合作优化升级，综合实力和核心竞争力显著提升，为在 2048 年建校百年时，实现主干学科跻身世界一流学科行列的发展愿景打下了坚实根基。

"当代中国正经历着我国历史上最为广泛而深刻的社会变革，也正在进行着人类历史上最为宏大而独特的实践创新"，"这是一个需要理论而且一定能够产生理论的时代，这是一个需要思想而且一定能够产生思想的时代"①。坚持和发展中国特色社会主义，统筹推进"五位一体"总体布局和协调推进"四个全面"战略布局，实现"两个一百年"奋斗目标、实现中华民族伟大复兴的中国梦，需要构建中国特色哲学社会科学体系。市场经济就是法治经济，法学和经济学是哲学社会科学的重要支撑学科，是新时代构建中国特色哲学社会科学体系的着力点、着重点。法学与经济学交叉融合成为哲学社会科学创新发展的重要动力，也为塑造中国学术自主性提供了重大机遇。学校坚持财经政法融通的办学定位和学科学术发展战略，"双一流"建设以来，以"法与经济学科群"为引领，以构建中国特色法学和经济学学科、学术、话语体系为己任，立足新时代中国特色社会主义伟大实践，发掘中国传统经济思想、法律文化智慧，提炼中国经济发展与法治实践经验，推动马克思主义法学和经济学中国化、现代化、国际化，产出了一批高质量的研究成果，"中南财经政法大学'双一流'建设文库"即为其中部分学术成果的展现。

文库首批遴选、出版二百余册专著，以区域发展、长江经济带、"一带一路"、创新治理、中国经济发展、贸易冲突、全球治理、数字经济、文化传承、生态文明等十个主题系列呈现，通过问题导向、概念共享，探寻中华文明生生不息的内在复杂性与合理性，阐释新时代中国经济、法治成就与自信，展望人类命运共同体构建过程中所呈现的新生态体系，为解决全球经济、法治问题提供创新性思路和方案，进一步促进财经政法融合发展、范式更新。本文库的著者有德高望重的学科开拓者、奠基人，有风华正茂的学术带头人和领军人物，亦有崭露头角的青年一代，老中青学者秉持家国情怀，述学立论、建言献策，彰显"中南大"经世济民的学术底蕴和薪火相传的人才体系。放眼未来、走向世界，我们以习近平新时代中国特色社会主义思想为指导，砥砺前行，凝心聚

---

① 习近平：《在哲学社会科学工作座谈会上的讲话》，2016 年 5 月 17 日。

力推进"双一流"加快建设、特色建设、高质量建设，开创"中南学派"，以中国理论、中国实践引领法学和经济学研究的国际前沿，为世界经济发展、法治建设做出卓越贡献。为此，我们将积极回应社会发展出现的新问题、新趋势，不断推出新的主题系列，以增强文库的开放性和丰富性。

"中南财经政法大学'双一流'建设文库"的出版工作是一个系统工程，它的推进得到相关学院和出版单位的鼎力支持，学者们精益求精、数易其稿，付出极大辛劳。在此，我们向所有作者以及参与编纂工作的同志们致以诚挚的谢意！

因时间所囿，不妥之处还恳请广大读者和同行包涵、指正！

中南财经政法大学校长

前　言

　　20 世纪 90 年代掀起了不同产业在国际间转移的浪潮，我国适时把握这种机遇。依托区位优势，我国东部、南部沿海地区在国际产业转移与承接中迅速崛起。但是，近些年来，由于企业生产的各种要素成本的上升，沿海地区的企业开始搜寻具备更廉价生产资源以及更低生产成本的经济区域。我国东部、中部、西部区域间生产资源禀赋存在差异，且经济发展存在梯层关系，为我国不同经济区域间的产业转移提供了基本条件；同时，中、西部丰富的生产资源和较低的生产成本也奠定了产业在不同经济区位间转移的基础。伴随不同经济区位间的产业转移态势，中央政府也出台了一系列旨在促进区域经济协调发展、鼓励不同经济区域间产业转移承接的政策。不同经济区际之间的产业转移，对全国范围内的要素配置效率提高、产业结构优化以及产业和就业布局结构调整，具有重要的意义。当前，我国已经进入产业跨区域转移的有利时期，产业由东部地区向中、西部地区转移步伐较快，同时也出现了忽视环境问题的现象，影响了产业转移的整体效率。

　　实际中，产业转移的一般动因可以分为基于比较优势理论的产业区际转移和基于产业集聚理论的产业区际转移。前者主要强调的是经济社会发展过程中，企业生产的比较优势变化带来的边际产业拓展；后者主要是以新经济地理学理论为基础，研判产业转移过程中的区位、产业集聚与产业拓展等因素的影响，产业区际转移现象的产生通常与产业集聚产生的集聚租金存在正的相关关系。从我国的实际情况来看，产业区际转移的动因也包括这两方面的因素，只是具体情况有所不同。在东部地区经济快速发展的过程中，产业发展依托的资源日益紧张，资源市场竞争激烈，这推动了企业向资源较丰富的中、西部地区转移的动机；企业生产投入要素如土地、劳动力等价格的不断上扬和企业开辟新市场的动力共同驱动了企业向要素成本相对较低的中、西部地区迁移的动力；中部、西部地区产业基础和配套设施完善，以及政府引导下的经济发展模式也吸引了东部地区产业的迁入。

全国经济是一盘棋，产业转移不是甩包袱，产业转移过程中要实现地区产业发展和企业转型升级的双赢，实现经济发展与环境保护的平衡。然而环保脚步的迟滞可能会终结我国的经济奇迹，在当前强调产业发展调结构的政策背景下，产业有序转移的实现，必须以有利于或者加强环境保护为基本目标。碳金融市场提供了能有效配合政府环境政策的市场化干预机制。由于我国区域辽阔、区际经济发展存在明显的不均衡，而且区际的环境资源禀赋、清洁生产技术水平、产业结构、经济发展梯层、社会心理等方面存在巨大的差别，使得区域环境规制和碳金融市场的一些微观机制的形成不能采取整齐划一的形式，区域环境规制级差存在是一种客观的要求。在区际产业转移过程中，碳排放随同转移以及如何恰当利用碳金融市场交易机制实现碳排放随同转移规避，是关系到我国区域产业有序转移目标实现的一个重要问题。

本书借鉴国内外有关碳金融市场发展和产业转移的相关研究成果，以实际的产业转移现象为基础，从碳金融市场发展及其对环境政策实施配合的角度，将宏观分析和微观分析相结合，通过理论分析和实证分析，对中国产业转移中的碳排放随同转移现象进行了定性和定量研究，提出了产业有序转移的一般路径和以碳金融市场发展推动产业转移中碳污染转移规避的一般路径，并借鉴发达经济体以碳金融市场发展促进碳减排的相关经验，最终提出了符合中国国情的、以碳金融市场发展促进产业有序转移的意见和建议。

研究核心主要围绕五个方面展开：一是在明晰产业转移和碳金融研究基本范畴的基础上，将一般理论和中国碳金融市场发展和产业转移的实际情况结合，探讨了中国实际环境载荷下产业转移的一般动因以及产业转移过程呈现出的问题与特征。二是围绕中国产业转移过程中存在的、因忽视环境保护而出现的污染随带转移现象，提出产业有序转移的基本要求，从理论的角度证明了碳金融市场发展和产业有序转移的良好契合，进一步论证了碳金融市场发展可以提供促进产业有序转移的有效市场机制和手段，并指出，提出区际环境规制级差会激励企业采取环境寻求策略，最终激励企业产业转移的实际行动选择。三是从生产企业的角度，围绕产业有序转移的实现条件和路径探讨，将企业生产的环境成本和方向距离函数引入企业生产函数，区分出环境规制的强、弱和无环境规制三种状态。四是考虑到当前企业生产碳锁定的实际情况，引入碳排放强度概念，运用聚类方法，对中国省域碳排放强度进行分析，最终形成中国碳排放强度的四大区域类型，并结合方向性环境生产前沿函数，测度了不同区域在不同环境规制状态下的环境规制成本，最终形成不同区域适宜的环境规制强度及产业发展意见和建议。五是考虑到产业转移中碳污染随带转移现象，明确提出了碳污染转移规避的概念，分析了其影响因素。碳金融市场提供了能有效配合政府环境政策的市场化干预机制。为了将碳金融服务内生化到环境规制中，我们将污染密集型生产所产生的环境污染区分为单位产出所带来的边际污染度和总产出所带来的总污染度，并分别施加环境规制。通过探讨碳金融交易市场的运行机制，提出了以碳金融市场发展促进碳污染转移规避的一般路径，并针对我国的具体情况，提出了相关意见和建议。

紧扣上述五个研究方面，本书共分为导论、相关基本概念与理论述评、产业转移基本动因与环境约束、碳金融发展和产业有序转移的契合、碳规制级差与产业有序转移的一般路径、碳金融交易机制与碳污染转移规避、碳金融发展与中国产业有序转移的基本建议七章，各章节之间相辅相成，紧密联系。

当前，一方面，国内外对产业转移的研究，多是从国际产业转移或者某个特定区际产业转移的角度进行；另一方面，国内外对碳金融市场发展的研究主要是从环境保护的角度展开，虽然也有关于产业转移中环境问题的考量，但却缺乏较细致深入的探讨。而本书从我国的基本国情出发，将二者结合起来进行研究，进而形成以下新颖之处：第一，根据碳排放强度的不同，将我国划分为四大区域，并测算了区域间的环境规制成本，为合理制定环境政策和产业发展政策，形成适宜的环境规制级差奠定了基础；第二，提出了环境规制级差下产业转移的一般路径，明确指出，碳污染转移规避并不指向采用各种手段在产业转移与承接中完全避免碳污染的转移，而更多强调的是在承接产业转移时，使得承接地的环境状况得到改善，至少不继续恶化，继而从经济社会发展全局的角度，实现社会福利的增进；第三，提出了碳金融交易推动碳污染转移规避的一般路径。

当然，由于相关领域的宽泛，不同学科知识的糅杂，在不同知识和技术方法协调应用的过程中，本书难免有疏漏；同时为确保整体论证的系统性，难免在深度上存在不足；而且，一些定量和定性分析技术的应用还有些力不从心，这些都是后续需要不断努力的地方。

雷鹏飞

2019 年 8 月

目　录

第一章
导论

本章主要分析产业转移问题提出的背景与意义，勾勒了碳金融演进的轮廓及其对产业有序转移的重要作用，为后续研究提供了思想来源。

第一节　选题背景与意义

一、选题背景

20世纪90年代掀起了不同产业在国际间转移的浪潮，相关产业在世界不同国家与经济地区之间转移承接，我国适时把握这种机遇，逐步确立了我国作为"世界工厂"的地位。我国东部、南部沿海地区依托区位优势，在国际产业转移与承接中迅速崛起，在中国崛起的过程中起到了先导作用。但是，2008年以来，我国东部、南部沿海地区生产的各种成本明显上升，加之在华尔街金融危机影响下，国际需求减弱，沿海地区的企业开始搜寻具备更廉价生产资源以及更低生产成本的经济区域。随着我国经济快速发展，东部、中部、西部区域间生产资源禀赋存在差异，且经济发展存在梯层关系，其产业级差不断扩大，这为我国不同经济区域间的产业转移提供了基本条件；同时，中、西部丰富的生产资源和较低的生产成本也奠定了产业在不同经济区位间转移的基础。最近一些年来，我国开始出现较明显的、不同经济区位间的产业转移态势；中央政府也出台了一系列旨在促进区域经济协调发展、鼓励不同经济区域间产业转移承接的政策。对于欠发达的中、西部地区，通过产业承接中的产业升级效应、生产要素注入效应、技术外溢效应及产业关联发展效应，可以带动当地相关产业升级，促进地方经济发展；而东部和南部沿海发达地区通过产业转移实现产业结构调整和产业升级，适配经济发展中的创新与升级要求。从而使得东部、中部、西部充分发挥各自的比较优势，科学定位、合理分工、优势互补，推动国家整体产业结构调整及区域协调发展。

正如李克强所言："要在确保环境不被污染的前提下，积极有序引导东部沿海地区产业转移。"① 我们既要实现经济发展，更要保护青山绿水，在人与环境和谐发展的过程中建设美丽中国。《国务院关于中西部地区承接产业转移的指导意见》中明确指出，产业转移是优化生产力空间布局、形成合理产业分工体系的有效途径，是推进产业结构调整、加快经济发展方式转变的必然要求。当前，我国东部沿海地区产业向中、西部地区转移步伐加快，中、西部地区发挥资源丰富、要素成本低、市场潜力大的优势，积极承接国内外产业转移，不仅有利于加速中、西部地区新型工业化和城镇化进程，促进区域协调发展，而且有利于推动东部沿海地区经济转型升级，在全国范围内优化产业分工格局。在产业转移与承接中，将资源承载能力、生态环境容量作为承接产业转移的重要依据，加强资源节约和环境保护，推动经济发展与资源、环境相协调；产业承接必须符合区域生态功能定位，严禁国家明令淘汰的落后生产能力和高耗能、高排放等不符合国家产业政策的项目转入，避免低水平简单复制；全面落实环境影响评价制度，对承接项目的备案或核准严格执行有关能耗、物耗、水耗、环保、土地等标准，加强产业园区污染物集中治理，建设污染物集中处理设施并保证其正常运行，实现工业废弃物循环利用；大力推行清洁生产，加大企业清洁生产审核力度；严格执行污染物排放总量控制制度，实现污染物稳定达标排放，完善节能减排指标、监测和考核体系；加强对生态系统的保护，着力改善生态环境。在产业转移与承接中，发展低碳经济、确保环境 GDP 增长已成为当前的重要问题，这也成为我们从低碳经济发展的角度来看待产业有序转移的重要理由。

根据国家统计局公布的单位 GDP 能耗降低率，我国只有西部省份总体上仍然处于单位 GDP 能耗上升地区，这很可能与产业转移中的"污染迁徙"有重要关系。因此，2011 年国务院明文规定，将"节能减排"与"提高承接产业准入门槛"作为西部承接产业转移的既定目标和指导原则。显然，我国将面临深化产业转移、协调区域发展与承担节能减排责任的多重压力。这同样是我们从碳金融发展角度来规范和推进我国产业有序转移的关键所在。

碳金融源起人们对全球气候变化的关注。为应对全球气候变暖，1992 年，联合国环境与发展大会签署了《联合国气候变化框架公约》（以下简称《公约》），将温室气体排放浓度控制在一定安全水平作为该公约的最终目标。为此，

---

① 李克强：东部部分产业必须西移［EB/OL］. 人民网，2014 – 06 – 26, http://energy.people.com.cn/n/2014/0626/c71661 – 25201707.html.

《公约》呼吁所有国家采取应对气候变化的有效措施，切实履行《公约》要求并提交国家行动报告。《公约》要求发达经济体首先采取行动。随后，149 个国家和地区代表在日本东京通过《京都议定书》（1997），首次以法规形式限定温室气体排放以缓解或抑制全球变暖并提出了相关要求。碳金融在《京都议定书》框架下应运而生。根据《京都议定书》，承担减排义务的发达经济体可以选在任何成本更低的地方实施减排活动，并获得减排信用以完成减排任务；承担法定限制温室气体排放的经济体对其超标排放要进行经济补偿，这为排放权交易提供了可能；超额完成排放标准的经济体在利益驱动下存在着出售额外排放权的动机，由此，温室气体减排量（权）交易推动了一个特殊金融市场的形成。通过全区域配置减排项目来引导投资，为不同经济体提供有效的低碳经济发展契机与举措。因此，碳金融可以理解为与减少碳排放，实现特定环境规制有关的金融交易活动及其衍生的各种金融行为，其中涵盖了碳排放量（权）的交易及其衍生的各种投资（机）和发展低碳经济的产业导向下的投资项目投融资、担保、咨询等金融活动。

尽管我国并非《京都议定书》（1997）的强制减排义务国，但鉴于中长期内，我国碳排放量有显著增长的趋势与可能，以及全球对气候变暖的严重性的广泛认同，在联合国气候变化峰会（2009）上，时任国家主席胡锦涛宣布，中国争取到 2020 年单位国内生产总值二氧化碳排放比 2005 年有显著下降；随后，国务院即研究部署了应对气候变化的相关工作，并明确了我国温室气体排放控制的行动目标，制定了相关政策措施。2008 年以来，我国二氧化碳排放量已经居世界首位，另据《人民日报》报道，截至 2010 年底，西部地区承接东部地区企业转移数量超过 20 万家，承接产业投资总额超过 2 万亿元。在此过程中，西部一些地方为了快速发展地方经济，大量引入环保不达标、能源消耗量大、投入产出比较低的企业，甚至引入重污染的夕阳产业、国家规定禁止或限制类的项目，这些企业和项目不仅对承接地生态环境构成严重威胁，增加环境治理成本，而且从长远看，也不利于中国经济和社会的可持续发展。由此，环保问题成为产业转移与承接中的重要问题。

二、选题意义

我国东部沿海较发达地区和中、西部欠发达地区的自然禀赋存在明显不同，经济发展梯层明显。中、西部地区自然资源丰富，各种生产要素成本低，积极承接发达地区的产业转移，有利于其工业化发展和建设新型城镇化的步伐，也有利于东部地区经济结构转型升级，在全国范围内优化产业分工格局，推动区域经济协调发展。从我国当前的发展阶段和国际环境看，以环境污染为代价的高能耗和高污染的经济增长路径已经不符合长期稳健发展的要求。不断增强的环境意识使得我们必须关注产业转移中的环境保护问题，避免产业转移中的污染随带转移。现实要求我们将资源承载、生态容量作为承接产业转移的重要依据，推动经济发展与资源、生态保护相协调，而不以环境损害为代价换取经济发展。

现实是，如果我们将环境质量因素纳入 GDP 来考察我国各省份的发展，会发现东部沿海较发达地区和中、西部欠发达地区存在明显差异，中、西部欠发达地区所承接的污染密集型产业对当地环境的损害已经足以引起我们的重视。作为产业承接地的中、西部经济欠发达地区，很多地域尚处于工业化早期阶段，亟待通过承接发达地域的产业转移来提升当地的技术水平及产业增加值，进而推动区域经济发展，在这个过程当中，根据目前的制度环境，尚缺乏有效的手段来遏制污染密集型产业的转移。因此，从理论和实践的角度，从环境规制的角度考察产业转移将具有重要意义。

不同经济地域的协同发展是一整盘棋，产业承接绝不是以环境为代价的污染承接，产业迁出也绝对不是无所顾忌的甩掉重污染的包袱。巨大的环境压力要求我们在产业转移与承接中，必须以环境保护作为重要的着眼点，来确保资源节约型社会的构建。当前，低碳经济已经被视为是改变世界经济的第 5 次革命性浪潮。低碳经济要求以环保为技术先导，以金融促进环保技术变迁，进而促进新型经济制度的构建。产业有序转移也离不开碳金融机制及其相关制度安排。这也是我们从碳金融视域分析碳金融制度建设与实施对产业有序转移的促进效应、确保产业转移中实现禀赋匹配并带动高效率、低能耗、低污染、低排放的经济发展模式形成的关键所在。

本书尝试从碳金融的视角，来考察产业转移过程中的一系列问题，如产业转移过程中的无序竞争、所承接产业与区域自然禀赋不协调以及承接产业的碳排放量过高等，揭示中、西部欠发达地区在产业承接过程中污染转移现象，分析其存在的根源与影响因素，进一步探讨碳金融与产业转移的契合，并试图从碳金融发展的角度为产业有序转移及不同发展级差地域的协调发展提供政策建议。这也是落实党中央提出的促进低碳经济发展、不同经济区域发展相协调、实现有序产业转移总体战略的更为具体和深入的研究，也期待能为我国碳金融市场发展和产业有序转移提供积极的意见和建议。

第二节　研究对象范畴

鉴于本书从碳金融发展的角度来剖析我国产业转移中的各种问题，以确保产业转移有序进行的意图，本书的研究对象可以分为两大构成部分：一是产业转移及其过程中的环境考量；二是碳金融市场规制对产业有序转移的助推，其中，针对研究对象展开研究的大背景是我国的基本国情和相关领域的国际大环境。

产业转移通常指的是因为生产资源和生产环境等发生改变导致产业在不同地域间转移的经济现象。发达地区根据当地产业竞争优势的调整与变化，借助跨地域性的直接投资形式，实现部分产业的生产向较落后地域的迁转，导致产业的空间移动。实际中，产业转移的动因与目的并不完全一致。一方面，从产业转移的迁出和迁入地域归属关系看，产业转移可以区分为国际性产业转移和国内区际产业转移。前者是产业在不同国家之间的迁转，后者是产业在一国内部存在经济发展级差的不同地区之间的迁转行为。这两种产业转移在转移动机、转移模式、转移机制、转移效应以及转移的影响因素与约束条件上有相同也有差异。在本研究中，更多着眼于我国不同经济地域间的产业转移，即研究的重心在于我国东部经济发达地区的部分产业向中、西部经济欠发达地区间的区域性产业转移。另一方面，从产业转移动机的不同看，产业转移可以区分为扩张性产业转移和撤退性产业转移。若在其原产地域发展前景依然较好的某产业，出于扩大产业规模，夺取更大的市场份额而主动进行的产业空间转移就属于扩张性的产业转移；撤退性产业转移主要是部分产业在原产地域因激烈的外部竞争或生产环境的变化使其失去了发展潜力而被迫向更适宜地区进行战略性迁移的现象，撤退性产业转移的重要内容就是部分产业自发达经济地域向落后经济地域的整体性移植及落后地区通过产业承接带来经济推动效应。

一般来讲，产业转移以跨地域性的直接投资使得生产方式等出现整体性迁移，带来了资本、技术、劳动力及其他相关生产要素集体流动，其产生的经济功能和影响有别于单个或局部生产要素流动的结果。不同经济地域间的发展梯层构成了产业转移的基础，产业转移通常是由经济梯层高的地域向梯层较低的欠发达地区转移；在产业转移的路径方面，产业迁出的经济发达地域的产业结构通常沿着自然资源密集、劳动力及劳动技能密集、资本密集和技术与知识密集的路径升级，产业转移本身通常也沿着该路径演进。就承接产业转移的经济梯层较低的欠发达地区而言，产业转移带来了该地区的产业升级效应、生产要素注入效应、技术外溢效应及产业关联发展效应。首先，经济梯层较低的欠发达地区通过产业承接带来当地的产业结构变动，先进产业转入带动当地产业新技术应用在量和质上的升级，进而推动产业结构的高级化趋势，而且，新技术的应用及其伴随的高级生产手段、生产组织模式等的扩散带动当地产业的转型升级；其次，经济梯层较低的欠发达地区一般具有自然禀赋优势和资本、技术与知识短缺的特征，产业承接带来的资本、技术和知识等要素注入使得欠发达地区可以在较短时间内集聚其稀缺的生产要素，从而奠定经济起飞的重要基础；再次，经济梯层较低的欠发达地区在产业承接中，通过吸纳先进技术带来的特定产业技术升级及其对其他相关产业领域的波及，带动欠发达地区整体技术进步乃至制度变迁；最后，所承接产业对其后向、前向和旁侧关联产业发展的带动，可以带动欠发达地区产业的整体升级，从而受益于产业转移中的技术溢出效应和产业关联带动效应，有力推动当地的经济增长。

碳金融的快速发展得益于世界银行于1999年成立的世界首只碳基金和欧洲气候交易所于2005年推出的碳排放权期货、期权交易，碳排放量（权）的交易从而具有了明确的金融属性。但直至目前，碳金融的统一定义依然是个未解问题。借鉴世界银行金融部（2006）的看法，碳金融是提供给温室气体减排量需求者的资源；《碳金融》期刊认为碳金融泛指解决气候变化的金融方法；《全球环境金融》杂志将碳金融理解为与气候变化问题相关的金融问题，其涵盖气候风险管理、可再生能源证书、碳排放市场和绿色投资等内容；索尼娅·拉巴特和怀特（Sonia Labatt & White）在《碳金融：气候变化的金融对策》（2007）中认为碳金融是环境金融的分支，其探讨与碳规制有关的金融风险和机会，以及用以转移环境风险和完成环境目标的各种金融工具[①]。因此，我们认为碳金融的内容涵盖两个层次：一是运用金融工具，如碳排放权期货和期权等金融衍生产品来转移环境风险和实现优化环境目标，降低金融风险；二是指为减少温室气体排放所进行的各种金融制度安排和金融交易活动，如碳排放权及其衍生产品的交易、低碳项目开发的投融资、担保、咨询等金融性活动。因此，碳金融市场的发展需要明确碳配额及其交易主体，明确不同项目的碳风险与收益评价，推进低碳项目的投融资，创新碳金融工具定价与交易，最终推动低碳经济的不断发展。

第三节　研究思路和研究方法

一、研究思路

现实中，由于发达地区根据当地产业竞争优势的调整与变化，通常会采取跨地域直接投资形式，来实现部分产业区际的迁转，从而衍生出相关产业的跨地域流动和转移。产业转移过程促进了资本、技术、劳动力及其他相关生产要素集体流动。产业转移的重要基础在于不同经济地域间的发展梯层关系，不同经济地域之间的梯层级差是产业由高经济梯层地域向低梯层地域转移的基本条件。但是，无视环境问题的产业转移几乎是不可避免的产生污染的随带转移。因此，从我国的基本国情出发，本书研究的重心在于我国东部经济发达地区的部分产业向中、西部经济欠发达地区间的区域性产业转移。在关注产业转移对低梯层地区的产业转型升级的积极意义的同时，强调产业转移过程中环境恶化的动因与规避机制，

---

① Labatt S., White R. R. Carbon finance: the financial implications of climate change [C] // Transactions of the Cryogenic Engineering Conference-cec: Advances in Cryogenic Engineering, 2007: 1223 – 1230.

从而衍生出对产业转移过程中的区际环境治理、生态补偿等一系列重要问题的分析。在这个角度上，碳金融机制及其相关制度安排是实现产业有序转移的重要手段，进而导出我们从碳金融视域分析碳金融制度建设与实施来保障产业有序转移间的互动关系及其内在机制。考虑到环境载荷变化可能带来产业转移倾向或路径的变化，本书首先在生产函数中加入环境因子，环境因素随之带入产业转移过程的研究中；其次厘清区际的环境级差及其对产业转移的影响成为本书研究的重要中介问题；最后，通过碳金融交易安排对产业转移中的污染随带转移问题提出解决机制并基于环境考虑对我国区际产业有序转移提出意见和建议。

二、研究方法

本书综合借鉴经济地理学、区域经济学、金融学、产业经济学和环境资源学的相关理论和方法，运用归纳与演绎、抽象与具体等逻辑实证方法，结合我国产业转移和碳金融市场发展的实际情况，以现实发展数据为基础，综合运用计量分析、空间结构分析等方法，将理论和实践相结合，在实际调查研究的基础上，从区际企业、政府等相关部门对产业转移和环境问题的实际态度出发，探讨我国产业转移和碳金融市场发展的契合，以及环境载荷变化对产业转移的影响。在实际研究中，不仅有对产业转移动因、特征、趋势、影响的客观描述以及定性分析，也有对区际产业转移、产业结构调整、环境变化的定量分析，通过定量研究窥视区际产业转移中环境变化的趋势或规律。鉴于实际问题和数据可得性及复杂性，规范分析和实证分析的结合成为本书重要的分析方法。实证分析告诉我们"现实如何"，而规范分析的应用能使我们明确"现实应该如何"，从而提升我们对产业转移和碳金融市场发展之间的互动有更理性的判断和认识。考虑到产业转移并非某个时点的一次性行为，产业转移本身就是一个过程，相关的数据可能以时间序列的方式呈现，因此，只有某个特定时点的静态研判是不够的，还需要我们从连续动态发展的角度来看待问题。为此，在实证和规范分析、定性和定量分析中，本书坚持了静态分析和动态分析密切结合的方法，系统应用相关自然科学和社会科学中的各种方法并有机结合，以期基于碳金融市场发展视角对我国产业有序转移提供意见和建议。

第四节 研究的逻辑结构

本书研究展开的逻辑结构如图 1 – 1 所示。

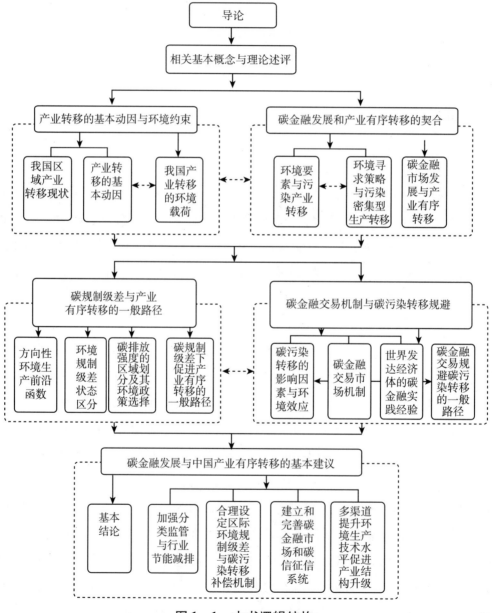

图 1 – 1 本书逻辑结构

第五节　创新之处与不足

　　一方面，国内外对产业转移的研究，多是从国际产业转移或者某个特定区际产业转移的角度进行；另一方面，国内外对碳金融市场发展的研究主要是从环境保护的角度展开，虽然也有关于产业转移中环境问题的考量，但却缺乏较细致深入的探讨。而本书从我国的基本国情出发，将二者结合起来进行研究，进而形成以下可能的创新点：（1）根据碳排强度的不同，将我国划分为四大类区域，并测算了类际环境规制成本，为合理制定环境政策和产业发展政策，形成适宜的环境规制级差奠定了基础；（2）提出了环境规制级差下产业转移的一般路径；（3）明确指出，碳污染转移规避并不指向采用各种手段在产业转移与承接中完全避免碳污染的转移，而更多强调的是在承接产业转移时，使得承接地的环境状况得到改善，至少不继续恶化，从而从经济社会发展全局的角度，实现社会福利的增进；（4）提出了碳金融交易推动碳污染转移规避的一般路径。

　　本书的主要不足是，在研究展开中，由于相关领域的宽泛，不同学科知识的糅杂，在不同知识和技术方法协调应用的过程中，难免疏漏；同时为确保整体论证的系统性，难免在深度上存在不足；而且，一些定量和定性分析技术的应用还有些力不从心，这些都是后续需要不断努力的地方。

第二章
相关基本概念与理论述评

本章基于通行的产业分类方法，明晰了产业结构和产业转移的概念，进一步厘清了碳金融的概念范畴，在此基础上，梳理了国内外的相关文献，并对后续论证展开所依托的基础理论进行了论述，奠定了从碳金融角度分析产业有序转移问题的思想来源和理论基础。

第一节　基本概念范畴

一、产业和产业分类

简单地讲，产业是一个"中观"概念，其介乎于微观经济组织和宏观经济组织概念之间，通常指在社会分工的前提下，生产（提供）同类产品（服务）的企业（单位）的集合体。这里"同类产品（服务）"强调产品（服务）具有相同的经济用途，或者使用相同原材料，或者具有相同性质的生产工艺。与此相关，为了弥补产业发展中的"市场失灵"，或者在特定领域赶超先进水平以提升产业竞争能力，政府往往采取一些有限干预的政策（措施），从而形成特定时期政府的产业政策。

就产业的分类而言，目前主要有三次产业分类法、标准产业分类法、生产要素集约度分类法和霍夫曼分类法4种分类方法。

1. 三次产业分类法。国际上，通常将那些产品直接来自自然界的产品的生产部门划归第一产业，将再加工初级产品的部门划归第二产业，将提供各种服务以促进生产和消费顺利进行的部门划归第三产业。我国的三次产业划分中，农业（含种植业、林业、牧业、渔业）属第一产业，工业（含采掘业、制造业和电力、煤气、水的生产供应业）和建筑业属于第二产业，除了上述产业外的都属于第三产业。

2. 标准产业分类法（standard industrial classification，SIC）又称国际标准产业分类法。《全部经济活动的国际标准产业分类》（ISIC）由联合国在1971年首次制定颁布，现在通行的是其 1988 年修订版本（第三次修订）①。ISIC 将全部经济活动分为十大类，在大类之下又分若干中类和小类并进行了规范化，使得不同国家的经济统计数据具有很强的可比性，从而有利于比较分析不同国家（地区）的产业结构与产业发展水平。标准产业分类法与三次产业分类法联系密切。

3. 生产要素集约度分类法是根据对投入生产的生产要素（资本、技术、劳动力）的依赖强度不同而划分不同产业的方法，该分类法的重要特征在于比较不同产业投入的生产要素组合，是一种相对的划分。该分类法下，产业总体被划分为资本密集型产业、技术密集型产业和劳动密集型产业。在资本密集型产业中，单位产品成本中资本占比较大。当前的资本密集型产业主要指钢铁、石油化工、电力、机械设备制造、有色金属工业等。通常，资本密集型产业都是国民经济发展和工业化的重要基础。技术密集型产业中，相关生产对技术和智力等要素的依赖程度很高，当前的技术密集型产业主要包括电子信息、生物制造、航空航天、新材料生产等工业。一般来说，技术密集型产业是国家产业竞争力的重要表现，也是一国经济社会发展的重要推动力量，已经成为各国综合实力竞争的重点方面。劳动密集型产业的生产需要投入大量的劳动力要素，单位产品成本中工资占比通常很高，对技术和生产装备的要求（依赖）程度较低。当前的劳动密集型产业主要包括如纺织、玩具、皮革、家具生产等。上述三个产业所生产产品的附加值存在很大的差别。这种差别与产品的异质性、市场竞争烈度、市场势力等因素密切相关。

4. 霍夫曼分类法是德国经济学家霍夫曼（Walther Hoffmann）出于研究工业化及其进程，按产品用途进行的产业分类。其将产业分为消费资料产业（含食品业、纺织业、皮革和家具业等）、资本品产业（含冶金材料工业、运输机械业、化工和普通制造业）和其他产业（如橡胶、印刷等）。消费资料产业所生产产品用途的 75% 以上都用于消费，资本品产业所生产产品用途的 75% 以上都用于资本投入。该方法的最大缺陷在于，实际使用中 75% 的标准难以度量和划分。这使其成为一种特定条件下的产业划分方法。

本书中所使用的产业概念及其分类主要依托三次产业划分法和要素集约度划分法展开。

---

① 详见联合国颁布实施的《全部经济活动的国际标准产业分类》（ISIC）（1988 年修订版）。

二、产业结构

产业结构指的是经济社会再生产过程中，一国经济内部不同产业之间的技术经济联系和数量对比关系，其涉及两个重要的方面：一是不同产业之间相较关系及其调整，外在呈现为特定经济体中产业的发展和演进；二是不同产业之间的要素投入与产出之间相较关系及其调整，外在呈现为特定经济中的不同产业间的关联和协调。因此，产业的发展演进最终体现为产业结构的协调、优化和升级。产业结构可以分为产业部门结构和产业区域结构两个构成部分：产业区域结构反映了区域之间产业分布格局及其分工联系；产业部门结构反映了不同产业之间相互依赖、相互制约的关联关系和不同产业之间所投入经济要素的配比及其产出间的比较关系。产业结构的内容如图 2－1 所示。

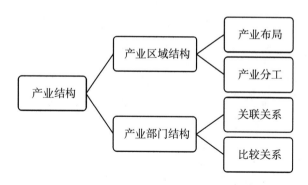

图 2－1　产业结构的内容

产业结构的优化升级是与特定经济社会背景相关的、内涵不断发展变化的动态概念，其主要内容涉及产业结构高度化和产业结构高效化两个方面。产业结构的高度化主要强调的是伴随社会需求结构调整和要素禀赋结构变化，一国经济发展的重点或者产业结构的重心由第一产业向第三产业逐次转移的过程，反映了一国产业发展水平的高低、阶段和趋势；产业结构的高效化往往反映在不同产业之间从业人数、产值比较和国民收入比例等方面。在一定的经济发展阶段，一方面，社会人均可支配收入提高，需求结构发生调整，需求弹性较大的生产部门将会吸引更多的生产要素流入，导致相关产业在整个产业体系中的结构比例调整；另一方面，社会经济进步带动了人力资本、技术、资本等中高级要素的积累，要素禀赋结构随之升级，中高级要素价格下降使其相关产业的利润率提高，带动中高级要素投入强度的加大，导致相关产业在整个产业体系中的结构比例调整。因此，产业结构的高度化与经济发展的阶段密切相关，同时可能受到经济发展周期影响而产生产业结构调整的波动。

产业结构的高效化指的是稀缺生产资源在不同产业之间配置效率不断提高改善的过程，同时也是产业生产效率不断提高的过程。通常，技术进步和要素禀赋结构变化会带来稀缺生产资源在不同产业之间的动态变化，这使得不同发展阶段的产业结构高效化不具有可比性。与产业生产效率相关，高生产效率产业部门相较于低效率产业部门将会不断地吸引生产要素流入，既带动了整个生产体系要素生产效率的提高，也带动了生产资源在产业间投入结构的优化，这将有利于推动整个产业体系中各产业的全要素生产率提升。从这个方面看，相比产业结构高度化，产业结构高效化的重要性更强。前者仅揭示了特定经济体产业结构所处的阶段及其演进，而后者与投入产出比相关，反映了产业发展的质的方面。

三、产业转移

从产业转出地和承接地之间的关系看，产业转移可以区分为国际间的产业转移和一国国内不同地域之间的产业转移这两个构成部分。在形式上，既包括了产业在不同地域之间的迁转，也包括了经济结构调整导致的原来产业基地关闭或消解现象。因此，产业转移通常是一定的地域范围内产业升级和经济结构调整的共同结果，是经济发展历程中的长期动态趋势。针对产业转移日益普遍且经济意义凸显的现状，相关的理论研究很早就已经展开。在国内外众多的研究成果中，有关产业转移的理论研究主要涉及产业转移的动因、产业转移的路径或者规律、产业区位选择以及产业转移对转出地和承接地的长短期经济影响几个方面。考虑到产业转移过程中的环境影响，一些学者也探讨了产业转移过程中的污染随带转移及其治理机制。

产业转移通常指的是因为生产资源和生产环境等发生改变导致产业在不同地域间转移的经济现象。换句话说，产业转移是以企业为主体，彼此联系的产业在空间上的重构。虽然国内外研究产业转移的文献很多，但对于产业转移的内涵并没有形成明确统一的界定。国内的学者，基于各自的学科背景和研究角度，从产业转移的特征、动因、实现形式和转移的量的规定性等角度对产业转移进行了定义，比如陈计旺（1999）、魏后凯（2003）、陈刚（2009）等的研究。国内相关研究中比较有代表性的是陈建军（2002）有关产业转移的界定，陈建军（2002）认为，产业转移是因为资源供给或者产品需求发生变化，导致的产业从某个地区（国家）向其他地区（国家）转移的经济现象及其过程[①]。其中包含了两层含义：一是如果一个地区的产业规模降低而另一个相关地域的相同产业规模提升，即可认为发生了产业转移；二是相关经济地域之间出现了相同产业此消彼长的现象，即一个经济地域的企业部分或全部迁移到了相关的另一个经济地域。

从产业转移的迁出和迁入地域归属关系看，产业转移可以区分为国际性产业转移和国内区际产业转移。前者是产业在不同国家之间的迁转，后者是产业在一国内部存在经济发展级差的不同地区之间的迁转行为。这两种产业转移在转移动机、转移模式、转移机制、转移效应以及转移的影响因素与约束条件上有相同也有差异。在本书的研究过程中，更多着眼于我国不同经济地域间的产业转移，即研究的重心在于我国东部经济发达地区的部分产业向中、西部经济欠发达地区间的区域性产业转移。另外，从产业转移动机的不同看，产业转移可以区分为扩张性产业转移和撤退性产业转移。若在其原产地域发展前景依然较好的某产业，出于扩大产业规模、夺取更大的市场份额而主动进行的产业空间转移就属于扩张性的产业转移；撤退性产业转移主要是部分产业在原产地域因激烈的外部竞争或生产环境的变化使其失去了发展潜力而被迫向更适宜地区进行战略性迁移的现象，撤退性产业转移的重要内容就是部分产业自发达经济地域向落后经济地域的整体性移植及落后地区通过产业承接带来的经济推动效应。

因此，产业转移首先涉及相关经济地域之间产业规模变化的过程。产业迁出地区根据当地产业竞争优势的调整与变化，借助跨地域性的直接投资形式，实现部分产业的生产向较落后地域的迁转，导致产业的空间移动。从量的规定

---

① 陈建军. 产业区域转移与东扩西进战略 [M]. 北京：中华书局，2002.

性看，表现为特定时点前后，由于某些经济条件变化，相关经济地域相同产业市场份额的比较关系发生调整，其中，市场份额下降的经济地域为产业迁出地而市场份额上涨的经济地域为产业承接地。实际中，更常见的是不同经济地域相关产业的市场份额存在差异，此时，对产业转移的考察，不仅需要关注总量份额的变化，不同经济地域之间相同产业增量规模的比较关系更能反映产业转移现象。

产业转移的形式主要涉及直接产业转移和间接产业转移两种。在产业迁出地和承接地的生产要素禀赋发生变化但关键生产要素的质和量没有发生明显变化的情况下，引致不同经济地域之间的产业出现不同程度的不均衡，则属于间接产业转移；如果产业迁出和承接地的关键生产要素的质和量发生调整而引致的区际产业发展不均衡，就属于直接产业转移范畴。实际的研究中，我们更关心的是直接产业转移。投资是直接转移的实现形式，同类生产企业跨区域迁转叠加是其主要内容。通过跨区域投资，如企业并购、建设新厂、设立新的营销网络、原有生产设备搬移等，实现了产业直接转移。需要强调的是，不同经济地域之间，个别性的企业迁转并不能说明跨地域的产业转移，产业转移是同类企业在特定时期将产品生产环节向其他地域转移的广泛性行为。因此，我们对产业转移的测度可以从两个角度进行：一是某地域某产业在全国份额的变化，二是以区域投入产出方法测度产业转移的空间流向及其迁转量①。

一般来讲，产业转移以跨地域性的直接投资使得生产方式等出现整体性迁移，带来了资本、技术、劳动力及其他相关生产要素集体流动，其产生的经济功能和影响有别于单个或局部生产要素流动的结果。不同经济地域间的发展梯层构成了产业转移的基础，产业转移通常是由经济梯层高的地域向梯层较低的欠发达地区转移。在产业转移的路径方面，产业迁出的经济发达地域的产业结构通常沿着自然资源密集、劳动力及劳动技能密集、资本密集和技术与知识密集的路径升级，产业转移本身通常也沿着该路径演进。就承接产业转移的经济梯层较低的欠发达地区而言，产业转移带来了该地区的产业升级效应、生产要素注入效应、技术外溢效应及产业关联发展效应。首先，经济梯层较低的欠发达地区通过产业承接带来当地的产业结构变动，先进产业转入带动当地产业新

---

① 刘红光，刘卫东，刘志高. 区域间产业转移定量测度研究——基于区域间投入产出表分析 [J]. 中国工业经济，2011 (6)：79 - 88.

技术应用在量和质上的升级，进而推动产业结构的高级化趋势，而且，新技术的应用及其伴随的高级生产手段、生产组织模式等的扩散带动当地产业的转型升级；其次，经济梯层较低的欠发达地区一般具有自然禀赋优势和资本、技术与知识短缺的特征，产业承接带来的资本、技术和知识等要素注入使得欠发达地区可以在较短时间内集聚其稀缺的生产要素，从而奠定经济起飞的重要基础；再次，经济梯层较低的欠发达地区在产业承接中，通过吸纳先进技术带来的特定产业技术升级及其对其他相关产业领域的波及，带动欠发达地区整体技术进步乃至制度变迁；最后，所承接产业对其后向、前向和旁侧关联产业发展的带动，可以带来欠发达地区产业的整体升级，从而受益产业转移中的技术溢出效应和产业关联带动效应，有力推动当地的经济增长。

四、碳金融的研究范畴

当前经济发展模式带来日益严重的环境污染，如何降低经济发展中的碳排放水平，实现产业结构调整和经济发展模式转变，已经成为一个亟待解决的问题。这种压力催生出发达经济体发展低碳经济的努力，而且越来越多的国家卷入低碳经济的发展浪潮中。比如英国宣布将英国在根本上转型为低碳国家的时间定在 2050 年；在 2008 年底的应对气候变化的协定中，欧盟通过了有关碳减排的一揽子计划；日本提出要致力于新能源和环境优化领域的新技术发展，目标是将日本打造成为低碳社会的典型；美国也在可再生能源、低能耗产业和环境产业方面做出了相当的努力。以我国为代表的一批发展中国家也开始关注全球环境恶化问题，降低产业能耗，降低碳排放，倡导绿色经济，发展低碳产业逐渐成为各国经济增长模式转型和产业结构调整的方向。国际上主要国际气候会议谈判进程及其成果如表 2–1 所示。

鉴于能源安全和应对气候变化的威胁，2003 年英国能源白皮书《我们能源的未来：创建低碳经济》中首次明确提出了"低碳经济"一词。现在，低碳经济一般指在可持续发展理念的指导下，通过技术创新、制度创新、产业转型、新能源开发等多种手段，尽可能地减少高碳能源消耗，减少温室气体排放，以实现经济社会发展与生态环境保护双赢的经济发展形态。从目前各国经济社会发

表 2 – 1　　　　　　　　　　主要国际气候会议谈判进程及其成果

日期	会议地点	会议成果
1992 年 6 月	里约热内卢	通过《联合国气候变化框架公约》，制定了共同但有区别的责任等一系列应对气候变化的重要原则
1997 年 12 月	东京	通过《京都议定书》，首次为发达国家和转轨经济国家规定了定量减排义务，引入排放贸易、联合履约和清洁发展机制 3 个基于市场的灵活机制
2005 年 11 月	蒙特利尔	形成"蒙特利尔路线"；从法律层面确保《京都议定书》步入实际运行轨道；启动《京都议定书》第二阶段温室气体减排谈判
2007 年 12 月	巴厘岛	通过"巴厘岛路线图"；强调在 2009 年底前完成 2012 年后全球应对气候变化新安排的谈判并签署相关协议
2009 年 12 月	哥本哈根	通过不具有法律约束力的《哥本哈根协议》，维护共同但有区别责任的原则，对发达国家实行强制减排和发展中国家采取自主减缓行动做出了具体安排，就全球长期目标、资金与技术支持、透明度等达成共识
2010 年 11 月	坎昆	会议通过了《联合国气候变化框架公约》和《京都议定书》工作组提出的重要决议，就技术转让、资金和能力建设等发展中国家关心的重要问题取得成果
2011 年 11 月	德班	实施《京都议定书》第二承诺期并启动绿色气候基金，通过"德班一揽子决议"，关键是落实资金和技术安排，为全人类应对气候变化描绘了详细图景
2012 年 11 月	多哈	通过了包括《京都议定书》修正案在内的一揽子决议，对《京都议定书》第二承诺期作出决定，要求发达国家在 2020 年前大幅减排并对应对气候变化增加出资
2013 年 11 月	华沙	重申了落实"巴厘路线图"成果对于提高 2020 年前行动力度的重要性，就进一步推动德班平台达成一致；敦促发达国家进一步提高 2020 年前的减排力度，加强对发展中国家的资金和技术支持，同时围绕资金、损失和损害问题达成了一系列机制安排，为推动绿色气候基金注资和运转奠定基础
2014 年 11 月	利马	就继续推动德班平台谈判达成共识，坚持《联合国气候变化框架公约》中的基本政治共识；重点关注了帮助贫困国家和地区落实气候资金和推进气候公正问题探讨
2015 年 11 月	巴黎	签署《巴黎协定》及其落实的细节安排；各方以"自主贡献"的方式参与全球应对气候变化行动，发达国家继续带头减排，并加强对发展中国家的资金、技术和能力建设支持

资料来源：根据各届会议公告整理。

展状况而言，发展低碳经济意味着要在以下几个方面做出努力：一是不断提高现有能源的利用效率，减低能耗和碳排放，减少高碳能源依赖，提升清洁能源的利用比重，降低经济社会发展的环境代价，倡导洁净发展模式；二是创新和发展各种产业节能技术，提升碳减排技术的应用推广，控制直至降低高碳能源利用水平，减少有害环境的生产排放，实现经济社会可持续发展；三是协调市场机制和政府政策的关系，提升政府政策引导、执行和管控力度。碳金融交易就是目前极具影响力的一种碳减排的市场机制。

碳金融至今尚未取得一致的概念。世界银行定义碳金融是指向可以购买温室气体减排量的项目提供资源①，这个定义将碳金融的概念范畴限于《京都议定书》所规定的清洁发展机制（CDM）和联合履行机制（JI）的范围内②。在学术层面上看，碳金融被定义为环境金融的特定门类，主要探讨特定社会环境中的碳约束机制下的金融机会及其风险控制，并提供和应用市场机制转移环境风险和实现环境目标③，这个界定具有更强操作性含义。

国内的相关研究，如罗晓娜和林震（2010）认为碳金融源于客观上对发展低碳经济社会需求促进了金融与环境保护的结合；侯亚军（2010）指出碳金融发展的动力在于企业社会责任、主导产业结构调整优化等方面；陈柳钦（2010）研究认为碳金融市场发展将成为低碳经济时代产业发展的制高点；何德旭和张雪兰（2008）的研究中尝试探讨了金融机构绿色信贷运行机制的有关具体安排；高建平（2013）研究了银行融资中绿色融资的比重后建议，应通过政府政策制定差别化的监管和激励政策，引导发挥银行对资源配置的作用，以推进碳金融市场的发展。

总体上看，碳金融概念有狭义和广义之分。狭义的碳金融主要涉及绿色贷款和服务温室气体减排的投融资活动，其源自为落实《京都议定书》规定的清洁发展机制和联合履行机制，世界银行建立由发达国家企业出资的碳基金，来购买发展中国家或其他发达国家环保项目的减排额度④，比如世界银行碳金融部的各种碳基金和其他一些碳金融工具的目的都服务于各种碳减排方案。广义的

---

① 转引自：王遥. 碳金融：全球视野与中国布局［M］. 北京：中国经济出版社，2010.
② 只有 CDM 和 JI 机制下的减排项目才能获得联合国签发的核证减排量（CERs）.
③ Sonia Labatt and Rodney R. White. Carbon finance: the financial implications of climate change ［M］. New Jersey: John Wiley & Sons, Inc., 2007: 11 - 22.
④ 中国碳交易网，www.tanjiaoyi.com.

碳金融一般泛指围绕发展低碳经济、降低温室气体排放、控制并降低经济社会发展的环境代价的各种金融活动，包括为降低碳排放和发展清洁能源等技术发展提供投融资服务、以碳期货期权为代表的碳排放信用衍生品、机构投资者和风险投资介入的碳金融活动以及基于配额和项目的碳交易等金融活动。碳排放权的金融属性源于其可在未来产生现金流的权利性资产的本质，即各种实物能源可以碳排当量形式实现权利及其收益的标准量化，并使其具有可交易属性和市场定价基础。围绕碳排放权交易，金融市场上创新出各种新型衍生金融工具，如碳排放信用衍生品。因此，碳金融的研究范畴，不仅涉及为发展低碳经济提供的各种投融资活动，也包括围绕碳排放权和减排量在金融市场上展开的各种市场交易，以及为方便市场交易和风险控制，不断被创新出来的性质各异的标准化金融工具交易。

从碳金融的基本界定和研究范畴出发，我们可以将碳金融市场上的各种碳金融工具，区分为基础碳金融工具和衍生碳金融工具。基础碳金融工具产生于碳交易体系的建立，属于传统金融服务范畴，主要服务于资金向低碳项目投资的转化或者有关碳排放的产权交易及债权债务清偿，侧重于依托与碳信用和碳现货有关的交易性金融产品实现其服务意图。衍生碳金融工具是基于基础碳金融工具的金融衍生产品，诸如与碳信用、碳排放权、碳排放量有关的期权、期货、远期等，主要作用是为基础碳金融工具交易中的风险提供不同的管理手段。因此，完整的碳金融体系的建立，包括碳金融市场体系、碳金融中介服务体系和碳金融政策支持体系，不仅涉及基础碳金融工具和衍生碳金融工具的产品开发和交易市场设计，也涉及碳保险、碳基金等碳中介机构发展规制，以及有关碳金融发展的政策环境和监管架构。

第二节　产业转移相关研究评述

一、区位产业布局与新经济地理理论

区位产业布局相关理论研究虽然源起较早，但主要成形于 20 世纪前半叶。

相关理论的主要着眼点在于不同经济区际之间的产业分工以及分工所带来的比较优势发挥。以此为基础，产业转移涉及出于逐利目的而进行的产业转移对区际分工协作关系以及分工所产生的利益分配关系的探讨。从而，有关区际产业布局及分工的研究构成了不同区际之间产业转移问题研究的重要理论基础。

对产业区际分工理论溯源，英国古典经济学家亚当·斯密（Adam Smith）在《国民财富的性质和原因的研究》（1776）中最早探讨了不同经济区际之间的经济联系并对产业分工的基本依据进行了分析，构建起后来所谓的绝对优势理论。根据亚当·斯密的观点，基于不同地区的自然禀赋，各个国家（地区）都有生产某些特定产品的绝对有利条件，这些国家（地区）依托绝对优势条件展开专业化生产的产出，经由自由交换，可以绝对降低生产成本并获取最大化的利益。在这里，自由交易的市场制度环境是一个至关重要的市场条件。因此，亚当·斯密在强调市场自由竞争环境重要性的同时，主张依托不同经济区域的自然禀赋，按照绝对优势原则完成国家（地区）经济分工，并借助于充分自由的市场交易，实现更经济合理的产业布局及其生产。当然，该理论的重要不足在于，根据亚当·斯密的观点，若不同的国家（地区）之间相较缺乏绝对优势，即便自由交换的市场环境具备，市场分工和产品交换也难以正常进行，也就是基于禀赋和市场的产业分工协作与互利交易行为将无法存在。更有甚者，自然禀赋具有绝对劣势的国家（地区）将无法融入主流的产业分工与市场交易体系当中。

在思考和批评绝对优势理论的过程中，古典经济学的集大成者大卫·李嘉图（David Ricardo）则在其名著《政治经济学及赋税原理》（1817）中论证了以绝对优势为基础构建国家（地区）间生产分工协作与贸易关系体系的不合理性，并提出了后来所谓的比较优势理论。根据大卫·李嘉图的观点，多个生产效率不同的国家（地区），即便某个国家（地区）在生产的相互比较中处于绝对有利（不利）的地位，只要其所生产的产品间的有利（不利）程度不同，这些国家（地区）依然可以通过分工和市场交换来获取比较利益。因此，生产成本的比较关系并不能够完全决定地域分工协作，相对成本关系将推动生产向具有比较优势的生产领域倾斜。和亚当·斯密的观点比较可以看出，生产成本的绝对比较关系决定区域生产分工的观念被突破，且比较优势理论更贴近现实。随后，从考察区际成本差异形成原因的角度出发，赫克歇尔和俄林（Heckscher & Ohlin）

提出了要素禀赋理论，对区际比较成本差异的形成提供了解释。根据赫克歇尔（1919）的观点，区际比较成本差异的形成要具备两个基本条件：一是区际要素禀赋差异；二是生产要素投入比例差异。俄林（1933）进一步认为，活跃的区际商品交易市场形成，也需要具备两个基本条件：一是区际生产要素分布与流动差异；二是不同区域内部的生产要素分布与流动的结构差异。他们认为，要素禀赋理论可以成为区际分工与市场交易形成与发展的基本依据。从客观上看，要素禀赋论从比较静态的角度分析区际要素禀赋差异，为比较优势形成提供了解释，这一点值得肯定，但其对技术变迁、生产规模因素、区际要素流动和区际商品市场条件等的忽视不能不说是一些重要的不足。比如，利昂惕夫（Leontief，1953）依托 1947~1953 年美国对外贸易数据对要素禀赋理论进行了实证研究，结果发现，具有资本技术禀赋优势的美国的贸易结构中，占比较大的进口商品具有资本密集特征，而出口占比较大的商品具有劳动密集特征，这与要素禀赋理论结论相悖。但是，只要区际分工生产并通过商品交易的动因未发生改变，比较优势理论的思想启发和指导意义的重要性将不容抹杀。

以上述理论为代表的理论观点解释了生产什么的问题，生产区位理论则进一步说明了一定地域内具体生产配置点选择的问题。与此有关的理论观点可以区分为古典区位理论、新古典区位理论和新经济地理理论。古典区位理论可以追溯至德国经济学家冯·蒂宁（von Thünen，1826）在《孤立国》中对孤立国生产布局的研究。他依据当时德国的农业和市场条件及其二者的关系，探索出地价差异对农业生产布局的影响，开创了农业区位理论，这是生产区位理论领域的奠基性工作。冯·蒂宁（1826）在不考虑自然条件差异的均质假想空间里，探讨了农业生产配置与其距离城市远近的关系，指出售价决定生产品种，运输费决定生产成本，主张根据距离中心交易市场的远近确定最佳配置点，由此形成著名的"环形农业区位理论"。需要强调的是，冯·蒂宁（1826）在对级差地租论证的基础上，提出的农业生产配置模式（型）也被应用到工商业布局的研究中，尤其是空间相互作用和城市地域结构等方面，这种生产地域空间关系的思维角度对后续有关生产区位研究有很大的影响和启发。当然，该理论过分强调运输费用的作用而忽略其他因素是其重要局限。也正因为此，冯·蒂宁之后，以威廉·罗雪尔为代表的一批德国学者开始从多因素角度来研究生产区位关系，资本和人口流动开始进入研究视野。到 20 世纪早期，阿尔弗雷德·韦伯（Alfred Weber）注意到德国工业革命完成后，工业和贸易发展带来的资本和人口向中心城市转移的现象，他沿用冯·蒂宁（1826）的思路，统计分析了当时近半个世纪德国人口流动和生产区位转移问题，在《论工业区位》（1909）中，阿尔弗雷德·韦伯提出了影响工业区位的四个影响因素，即区域、位置、一般与特别因素。前两者使得生产聚集于特定的地方，共同起作用的生产工资、租金等成本属于一般因素，特别因素主要是影响特定产品生产的个别特殊要求。阿尔弗雷德·韦伯（1909）认为最优生产区位选择应综合考虑工资等成本因素和运输问题，其中的关键是成本因素。阿尔弗雷德·韦伯（1909）建立起的有关工业区位相对完整的区位理论体系是经济区位相关理论的重要基石，对产业布局具有重要的思想启迪和实践指导意义。但是，阿尔弗雷德·韦伯（1909）的分析基于完全竞争市场的假定，且认为生产的空间关系导致运输成本改变进而影响产品价格，最终影响生产者绩效，这多少和现实状况有差别，且主要从局部均衡出发考察单个生产企业的问题，也忽视了政府对公共经济活动区位选择的问题，尽管其也注意到产业集聚现象，但并未深入论及，这不能不说是一种遗憾。随后的一些学者，开始从不同的角度研究生产区位选择的问题，如恩格恩德（Englaender，1924）和普瑞道尔（Predoghl，1925）将区位选择纳入价格理论的研究当中；潘兰德（Palander，1935）则基于不完全竞争理论把生产区位选择问题的研究推进到一个新阶段。克里斯塔勒（Christaller，1935）则根据集聚和交易市场的关系，提出中心地理理论。随后，洛伊斯（Loesch，1940）沿着克里斯塔勒（1935）的角度，在区位理论中纳入了市场交易规模和运输便捷性的问题，同时将企业逐利视为产业区位选择的动力源，提出了产业区位选择的市场区位理论，进而动摇了产业区位选择中的成本支点思维。贝克曼（Beckman，1958）发展了洛伊斯（1940）的观点，将生产地域商品交易市场需求规模因素加以考虑，进一步认为市场需求会影响同等级中城市的规模。

到 20 世纪中叶，空间结构关系、扩散理论和运筹学理论方法逐步进入新古典经济学的研究方法中，以此为契机，生产区位理论得到了迅速发展，逐步形成了新古典生产区位理论。该理论偏重研究市场环境网络中的生产区位选择问题。在这里，市场环境网络被定义为由有限个相互连接的具备长度定义的弧线构成的整体，弧线在端点处彼此连通，于是，该网络中不同生产区位的距离取决于相互连接的端点间的最短距离，在多点进行的企业要素投入和产出因运输等的问题而影响生产者利润。因此，在新古典经济学家的眼中，生产区位选择是生产者追逐利润最大化的结果，生产区位的选择是生产投入成本和收益的权衡。由此，我们可以发现，新古典区位选择理论相较于古典生产区位的选择并未出现质的突破，只是在多个角度放宽了古典区位理论的假设条件，研究视野被拓宽，研究系统更具一般性。比如，新古典区位理论放松了古典区位理论中生产等成本、技术固化和收入与区位无关的假定，而考虑了生产要素随着地域变化而变迁的因素。同时，新古典区位理论更新了古典区位理论中将商品需求和交易价格视为匀质外生的假设，认为商品需求者分布的非均衡引致价格在不同地域的差别进而总收入会发生调整。考虑到资源禀赋和需求的空间分散，生产的最优区位也应该是活动的和分散的。进一步地，如果考虑生产区位选择的风险及其带来的收益的不确定性，可以利用 VNM 效用函数描述厌恶风险的生产者的预期利润。卢沃斯和塞斯（Louveaux & Thisse，1985）研究发现，若需求是分散的，那么风险厌恶的生产者有在中间区位点生产以规避风险的偏好。莫林·基尔肯尼和弗兰克斯·塞斯（Maureen Kilkenny & Francois Thisse，1999）则认为，相较于决策成本，若收益独立，则最优生产区位不会受到商品需求空间分散性的影响，否则，商品需求的空间分布一定会影响最优生产区位的选择。总体上，新古典区位论对古典区位理论假设条件的放宽，推动生产区位选择研究从局部均衡走向一般均衡发展，研究视野大大拓宽。

到 20 世纪后叶，空间经济问题逐渐引起了经济学家的兴趣。迪克西特和斯蒂格利茨（Dixit & Stgiitlz，1977）在《垄断竞争和最优产品多样性》中指出，生产区位的空间关系及其引致的产业集聚、规模经济和生产的外部性问题也会影响最优生产区位的选择和区域经济增长，这标志着新经济地理理论的诞生。克鲁格曼（Krugman）、马丁（Martin）、伯格曼（Bergman）、维纳布尔斯（Venables）等为代表的一批学者对相关问题都进行了深入的研究。克鲁格曼（Krugman，1991）在《递增收益和经济地理》中提出了"中心－边缘模式"说，认为区域规模经济可以弱化产品运输成本，因此产品的市场需求分布会影响生产区位选择，但市场需求规模又受制于制造业在国民收入中的份额，从而生产区位选择是三者有机综合影响的结果。格尔斯巴赫和施姆茨勒（Gersbach & Schmutzler，1999）则探讨了产业的外部性问题对生产及产业集聚的影响。沃兹（Walz，1996）的研究进一步说明了区域经济增长中，产业地理集聚带动的生产效率提高及其产生的技术外溢的积极作用，这意味着，不同经济区域的一体化可能会带动生产和技术创新的集聚。这些都使得生产区位理论在规模经济、不完全竞争理论和外部性的框架下得到了进一步的发展，其中涉及三个重要的内容：一是产业区位选择、空间集聚及其产生的正外溢效应支持规模收益递增的观点；二是产业区位选择、集聚进而带动区域经济增长的重要动力是源自正外溢效应带动的经济空间自我强化，偶然因素也会借助该强化机制被放大甚至在区位选择中产生决定性影响；三是区域经济格局缺乏自我优化的内在机制，相反存在很强的路径依赖特征，产业区位及其集聚一旦形成就倾向于自我沿袭，形成产业发展中的马太效应。

因此，建立在古典和新古典经济学基础上的区位选择理论通过无差别空间和运输成本等严格的假定条件得出了产业区位选择与布局的相关结论，而新经济地理理论则放宽了相关假定，将产业集聚及其正的外溢性等因素置于产业区位选择、区域经济增长敛散等相关问题的分析中，得出了与以往区位选择不同的观点。事实上，新经济地理理论并未对古典和新古典的区位选择理论予以根本的否定，而是在强调此前所忽视的一些问题的基础上，解释了此前理论所不能解释的问题，逐步被纳入了主流经济学的范畴。但网络经济的发展也对其结论的恰适性提出了挑战。

二、雁行模式与相关理论

较早对产业转移过程及其规律进行理论化探讨的是日本学者卡纳曼（Kaname）的雁形模式理论。20世纪30年代，卡纳曼研究日本棉纺工业发展历史时发现，日本国内经济发展带来了国内需求增加，国内产出随之增长，随后，国内产出的增加推动了出口的增长。通过对这种现象的思考，卡纳曼（1932）在《日本经济发展的综合原理》中提出了"雁形产业发展形态说"，随后进一步深化和拓展了该理论。雁形模式理论主要以日本的经济发展为研究对象，刻画了日本经济发展过程中，产业转移对产业结构转型升级的重要作用，并总结出了产业发展遵循的三种模式：模式一属于基本模式，该模式下的产业发展描述为进口到进口替代再到出口三个阶段更迭发展，进口即接受转移，进口替代即国内生产；模式二属于变形模式，该模式描述了国内各产业经由基本模式的发展变化，生产次序由一般消费品生产转向资本品生产，或者是由轻工业转向重工业进而转型为技术密集型，或者由低附加值转型到高附加值产品生产，在这个过程中实现了产业结构的高度化转变；模式三也属于变形模式，该模式描述了某产品经由模式一的动态演化带来经济区际间比较优势改变，通过直接投资等国际间的产业转移，工业化的后进者模仿工业化的先行者。这些阶段的图示表现犹如飞翔的雁阵，因此得名"雁形模式"。

　　山泽一平（Ippei Yamazawa，2001）从更具体的角度扩展了卡纳曼的雁行模式理论，在"进口 – 进口替代 – 出口"的基础上增加了"成熟"和"逆进口"两个阶段，进而形成"进口 – 进口替代 – 出口成长 – 成熟 – 逆进口"五阶段，如图 2 – 2 所示，更加具体地说明了后发国家通过承接产品和技术转移，不断推动国内产业结构转型升级的过程。五阶段说明，后发国家通过产业和技术的转移承接，存在后来居上取代雁头，最终实现经济腾飞的可能。雁形模式理论成为 20 世纪 70 年代日本产业转移的重要理论依据，但汪斌（1998）认为雁形模式的存在有特定的条件，只是特定的历史产物，该模式有力解释了过去现象却不一定能有效说明未来，而且其适用于东亚中小国家却不一定适用于发展中大国。[①] 该理论倡导的产业分工属于垂直型分工，处于雁阵低端的国家将始终处于不利的发展地位。

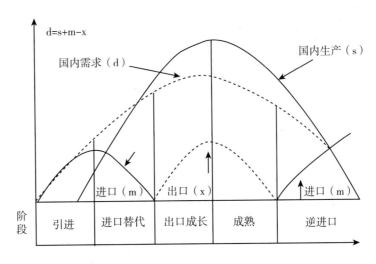

图 2 – 2　Ippei Yamazawa 的五阶段雁形模式

① 汪斌. 东亚国际产业分工的发展和 21 世纪的新产业发展模式——由"雁行模式"向"双金字塔模式"的转换 [J]. 亚太经济，1998 (7)：1 – 5.

小岛清（Kiyoshi Kojima，1973）将雁形模式和新古典经济学相结合，提出了边际产业扩张理论[1]，从资源配置角度拓展了雁形模式。根据小岛清（1978）的观点，若生产要素能随着不同产业部门比较优势关系而进行调整，比较劣势产业部门（边际产业）转出的生产资源进入具备潜在比较优势的产业部门，会对转出和承接地产生双赢结果。该理论反映了发达经济国家（地区）对其他地区进行直接投资的动机和采取的可能形式。但其主要以国家（地区）发展为研究对象，几乎不考虑企业对投资的作用，抹杀了微观经济主体的动能，而且其解释的时空范围非常有限。而且，上述理论的观点角度主要是从后发国家角度出发的，并未涉及发达经济体的产业承接转移的经验。对此，雷蒙德·韦隆（Raymond Veron，1966）提出的产品生命周期理论[2]进行了补充，阐述了工业发达经济体产业转移的影响因素、特征和规律。该理论中，产品按照生命周期分为新品期、成熟品期和标准品期。产品生命周期演进过程中，产品特性发生转变，生产产品所投入要素的重要性也随之变化，从关注劳动力因素向强调资本和技术转化，这个过程中，生产要素禀赋和比较优势变化带来了产业生产的国家（区域）转移。在产品生命周期理论中，有别于卡纳曼（1932）中后发国家产业变迁路径，产业发达经济体的产业变迁遵循"生产—出口—进口"的路径。

三、区域发展梯度推移理论及相关发展

在区域经济不断发展的过程中，产业转移也会发生在特定国家的不同经济区域之间。伴随一国内部不同地区产业转移和区域性产业升级，出现国内不同经济地域之间产业发展水平上的差异，进而形成区域经济发展中的二元结构。以这种地域经济发展的二元结构为基础，结合雷蒙德·韦隆（1966）的产品生命周期理论，克鲁姆和海尔姆（Krumme & Hayorm，1975）提出了不同经济地域之间的区域发展梯度推移理论，用以专门解释临近区域间的产业转移和承接现象。该理论指出，不同国家（地区）都处于具有差异的经济发展梯度水平上，

---

① Kojima K. Reorganization of north-south trade: Japan's foreign economic policy for the 1970's [J]. Hitotsubashi Journal of Economics, 1973, 13 (2): 1 – 28.

② Vernon, R. International investment and international trade in the product cycle [J]. The Quarterly Journal of Economics, 1966, 8 (2): 307 – 324.

经济发展过程中,处于高梯度国家(地区)发生的技术进步、产品革新、行业发展变迁等经济现象会在时间推移的过程中,由高梯度经济地域向处于低梯度的经济地域传递。根据该理论的观点,特定经济地域中,经济体系中的主导产业所处的产品生命周期阶段及其变迁是该经济地区产业结构状态及其变迁、进而构成该经济区域发展水平的决定性因素。也就是说,若特定经济地域的主导性产业所生产产品处于成熟品期、标准品期或者衰落品期,那么该经济地域就处于低梯度水平,反之则属于高梯度经济发展地区。通常,技术革新和产品升级都源自归属创新密集区的高梯度经济地域,随后沿区域经济发展的梯度关系由高位向低位转移传递,表现为创新的扩散和外溢。这种变化的基本原因是客观上的区域经济发展的梯层差异,因此,产业转移的实质是技术扩散、延伸、外溢并推动特定产业乃至经济结构转型升级,产业转移过程就是经济发展转型升级过程。

在区域发展梯度推移相关研究不断深入的过程中,出现了以区域发展梯度转移为基础的虹吸理论。该理论提出受到了物理学中有关虹吸现象的启发,认为只要地域经济发展之间存在梯层结构,高梯层经济地区与低梯层经济地区之间存在比较优势关系,在客观上就存在高梯层地区的产业向低梯层地区转移的可能,但是,这种产业转移的发生必须具备来自产业发展外部的连通和引导机制,比如不同地域间政府的沟通、衔接以及政策引导,否则产业转移不一定能顺利完成。

随后,受到弗朗索瓦·佩罗瓦(Francois Perroiix,1950)提出的增长极理论启发,产业转移的扩散理论开始出现。像虹吸理论一样,产业转移扩散理论的出现也是受到物理学上墨渍扩散现象的启发。产业转移扩散理论认为,一个经济区域内部,主导性产业会构造地域经济发展的增长极点,经由乘数效应的发挥,该增长极点会不断地向周边扩散,带动周边产业结构升级和经济发展水平提高。这个过程犹如滴在白纸上的一滴墨水,最初的墨点随时间推移不断向四周渗透、扩散、蔓延。最初产业集聚产生增长极的结果,随后增长极点扩散,相关产业的生产要素不断向外围产业推移。生产要素推移的过程即高梯层地域产业向低梯层地域的渐次转移和低梯层地域顺利承接的过程,这个过程中,经由创新的扩散、延伸,最终带来落后地区的产业升级和经济结构调整,形成后发地区的经济追赶态势,以及可能的经济发展腾跃甚至出现区域经济发展的多极化状态。产业转移扩散理论是对区域发展梯度推移理论和增长极理论的创新和延展。梯度转移理论中，产业转移通常是由高梯层地域向低梯层地域的转移；而产业转移的扩散理论中，犹如最初墨渍的始发扩散点一般是创新引致的新的产业增长点，可以由经济发达地域或经济落后地域始发，向四周扩散的速度与地区间经济社会关系、产业关联、政府政策引导以及相关配套设施紧密相关。这是对产业转移和承接相关研究的重要启发。

四、区域要素流动与企业迁徙理论

前述的根据区域经济比较优势建立的产业分工及商品交易市场是经济优势形成的重要依托。但是，不同区域之间因各种原因，如政策引导，人口、环境等条件变化引致的生产要素的跨区域流动也是区域产业优势形成的重要驱动因素。

在研究劳动力要素的空间流动中，学者们认为，在一定的条件下，生产要素中的劳动力要素跨区域流动带来劳动力市场的供求结构调整，推动了区域间劳动力成本的均衡化趋势，当区域之间的劳动力工资水平差异因市场调整得以消弭，劳动力要素的区域间流动将会停止。此前，跨区域的人力资本转移与承接，必然提升人力资本流入区域的发展潜力，而恶化了流出区域的增长条件，这意味着，在劳动力要素的流动过程中，人力资本流出区域必须能够通过产业调整和结构升级消化这种生产要素流出的压力，完成资本对劳动的替代，否则竞争优势可能降低。当然，如果劳动力要素流入地区不能在要素流入的同时完成产业结构调整，吸纳和消化要素流入压力，可能会出现人力资本集聚劣势，引致意料外的产业结构调整升级压力。

在有关产业发展中的资本要素空间转移的研究中，一般认为经济区域间的利润率级差是关键性因素。但也有学者认为，跨区域间的资本要素流动同企业迁徙紧密关联，这涉及前述的生产区位选择问题。因此，生产资本要素的流动不仅涉及资本流动的绝对量级，更事关流动资本使用效率的量级，也即资本流动的质的因素。具有启发性的观点在于，有关资本要素的流动，不仅需要考虑资本集聚带来的就业容量调整，还需要综合考虑产业转移和承接中的社会成本以及环境压力。产业发展中的技术要素变迁会经过技术创新和扩散环节。技术创新在区域间的流动，涉及区域间的信息沟通效率以及流出地域的意愿和承接地区的接受意愿与能力。这些都说明，技术创新的扩散遵循了有限扩散模式，导致创新的空间非均衡分布。其中，技术创新诞生受制于潜在创新区域的人力资本、资本支撑、竞争态势、产业结构、行业周期等，创新扩散的关键在于跨区域信息沟通衔接水平，这些方面也同时构成了技术创新地区吸纳效率的影响方面。由此可见，技术要素流动会在区域经济发展的多个方面带来影响，至少在短期内不降低技术要素流出地域要素存量的同时，会对技术要素流入地区经济发展的多个维度产生升级驱动力，提高技术要素流入地区的市场竞争能力。这对技术要素流出地区提出了持续创新驱动的要求，否则，在长期内，技术要素流出可能产生增长阻碍效应。

生产要素流动会带来不同经济地域产业发展比较优势结构变化，这是企业迁徙的微观因素。和产业区位选择、新经济地理理论、雁形理论以及经济地域梯层理论不同，以西蒙（Simon，1959）、普雷德（Pred，1967）和斯迪曼纳（Sdimenner，1982）为代表提出的企业迁徙理论正是从微观生产主体出发，丰富了产业转移的相关理论。企业迁徙理论认为，产业转移的动力源自扩散和集聚形成的聚合力。其中，扩散源自企业逐利过程中的扩张冲动，企业在最初生产地受到生产要素、区位条件、环境压力等产生的扩张限制，就会形成迁徙需求；集聚来自企业迁徙目标地域的区位优势、生产要素优势和社会、环境容量方面的优势吸引。尽管海默（Hymer）的垄断优势理论、以卡森（Casson）为代表的内部化理论和邓宁的生产折中理论主要探讨的是国际投资中的区位选择问题，但对一国（地区）内不同经济地域的企业迁徙也有相当的启发意义。

根据海默的观点，企业迁徙源自迁入地相较于迁出地的产业垄断优势，产业转移的过程是企业发挥垄断优势的过程[1]。何塞（H. Johnson，1970）进一步认为，知识资本是垄断优势形成的核心要素，产业转移的过程同时是知识转移过程。而以卡森为代表的内部化理论则强调企业运行治理机制的重要，他们认为产业转移过程消弭了外部市场不完全性的同时提升了内部市场的灵活度，通过向目标地域的直接投资，实现了高效率市场和低效率市场之间的市场结构转换。

[1] Hymer, S. H. The international operations of national firms: a study of foreign direct investment [M]. Cambridge, MA: MIT Press, 1960.

该理论虽然在解释企业迁徙方面有独到之处，但其不足在于并未对企业直接投资的目标区位选择给出解释。邓宁在吸收上述理论优势的基础上，提出的生产折衷理论认为，企业迁徙的顺利完成涉及三种不可或缺的优势，即所有权优势、企业内部化优势和生产区位优势，从而构成了企业迁徙的 O – L – I 模型，如表 2 – 2所示。[①]

表 2 – 2 邓宁的 O – L – I 模型

项目	所有权优势（O）	区位优势（L）	内部化优势（I）
对外直接投资	√	√	√
出口	√	√	√
无形资产转让	√	—	—

通过上述分析可以看出，在各种有关产业转移的理论中，往往都侧重于某些因素方面，而忽视了多因素综合影响。更重要的是，这些理论往往将经济因素作为产业转移的关键方面，较少考虑社会、文化、环境、政府参与等因素。事实上，无论何种经济地区和经济区位关系，在当前经济发展中环境压力不断增大的背景下，产业转移与承接都事关政府政策引导及环境因素考虑，这不能不说是上述各种理论的遗憾之处。

第三节　碳金融发展相关研究评述

一、碳金融市场发展的理论基础

20 世纪 90 年代以来，为应对不断恶化的环境问题的挑战，国外的一些经济

[①]　Dunning J. H. International production and the multinational [M]. London：George Allen and Unwin，1981.

学者首先开始了从基础经济理论角度探索解决环境问题的理论依据。萨拉扎尔（Salazar，1998）首先提出了环境金融概念，认为环境金融是金融业应对环境产业变迁而产生的金融创新；随后，埃里克·考恩（Eric Cowan，1999）、马塞尔·杰肯（Marcel Jeucken，2001）、索尼娅·拉巴特（Sonia Labatt，2002）分别从不同角度对其进行了解释。自此，环境及其相关产业与金融之间关系问题开始受到理论研究者的重视，作为环境变化的重要具体内容，气候变化也开始引起学者们的注意。索尼娅·拉巴特（2002）探讨了气候风险管理理论，在其研究中，气候风险主要是指气候变化给企业经营、金融服务等带来的风险，涉及企业违背气候法规的法律风险、不履行企业的社会责任而违规碳排放的声誉风险以及由此衍生出的市场竞争风险。格拉德尔和艾伦比（Gradel & Allenby）在《产业生态学》（2003）中分析了产业发展和环境的基本关系，并将金融服务置于环境保护的背景中，为金融服务环境保护的研究奠定了理论基础。[①]

在有关碳排放权的研究中，公共经济学中的外部性理论构成了重要的理论基础。马歇尔在《经济学原理》中首次提出了外部经济的概念。从企业生产的社会影响角度看，生产过程中的碳减排和环境改善具有非竞争性和排他性，高碳排生产企业容易出现"搭便车"行为。在这个方面，阿瑟·塞西尔·皮吉（Arthur Cecil Pigou，1920）关于通过对环境污染者征收环境税以纠正外部性问题进而实现环境保护的观点也极具启发意义。科斯（Cos，1962）关于通过市场机制实现私人成本内生化的理论为碳减排提供了理论思想的指导，即通过恰当的市场机制安排，明晰碳排放权以及碳排放权市场交易，可以有效实现碳减排目标。戴勒斯（Dales，1968）受科斯（1962）思想启发，在《土地、水资源与所有权》中提出了排污权交易理论。蒙哥马利（Montgomery，1972）证明基于市场机制的排污权交易能带来优于传统环境治理政策所产生的结果。马利克（Malik，1996）在《污染控制政策工具选择》中从政策工具与成本角度证明了经济激励手段对环境保护存在明显的积极效果。拉丰（Laffont，1988）的研究指出，在非竞争性市场中，依托阿罗－德布鲁模型可以证明，壁垒外部条件的变化会导致平台主体积极搜寻外部性证据，从而推动外部经济的内生化。拉巴特·索尼亚等（Labatt Sonia et al.，2010）在《碳减排良方抑或金融陷阱》中进

---

① 格拉德尔，艾伦比著. 产业生态学［M］. 施涵，译. 北京：清华大学出版社，2004.

一步研究了碳排放权交易理论。另外，也有学者从社会责任的角度出发，探讨了碳金融市场发展的重要性。在这个方面，奥利弗·谢尔顿（Oliver Sheldon，1924）首次提出企业社会责任理论（corporate social responsibility，CSR），并做出了重要贡献。根据国际劳工组织的观点，企业社会责任是在社会、环境等方面企业需要承担的法律之外的义务和责任，其内涵强调了企业经济效益之外的社会效益问题。这些研究不仅有助于厘清碳金融发展的理论依托，也为碳金融的实践提供了重要的思想指导。

二、碳金融市场的效率因素与定价机制

尽管从理论探讨可以发现，碳金融市场在总体上可以成为富有效率的市场安排，但《京都议定书》以来，由于影响因素的交错糅杂，到目前为止，碳金融市场的发展并未实现人们的预期。国际上，众多的学者从碳排放量分配、产业转移和市场机制等多个角度对其进行大量的理论和实证研究。

1. 产业转移对碳金融市场发展的影响。碳排放是企业生产的结果，产业结构和产业效率影响了碳排放水平。不同经济地域之间的资源禀赋差异相对调整或者比较优势发生改变，所引起的产业转移也必然导致碳排放转移。对此，克罗克（Croker，1996）在研究温室气体排放问题时指出，科斯（1962）理论应用的困难在于碳排放水平变化的外部性不可能局限于特定的经济区域，因此必然涉及不同经济地域之间的碳排放缩减协调问题，但由于不同经济地域之间在经济结构、经济发展水平、发展导向和发展目标等方面存在的差异，使得在碳减排问题上达成一致是极其困难的。尽管安特韦勒（Antweiler，2001）的研究证实了碳排放权的交易有助于环境改善，但奇奇尔尼斯基（Chichilnisky，1994）在研究中也指出，鉴于不同发展水平的国家（地区）在碳减排交易中的处境不同，若完全依托市场自由交易机制，工业发达经济体必然获得更大的好处。根据科普兰和泰勒（Copeland & Taylor，1995）的观点，如果无视不同国家（地区）经济发展阶段和环境标准的差异，碳排放权自由市场交易的结果必然扩大发达和欠发达经济体之间的发展鸿沟。考虑到不同国家（地区）间的经济发展比较关系，艾哈迈德和威克夫（Ahmad & Wyckoff，2003）实证研究证明了产业转移对

碳排放有显著影响。彼得斯和赫特维奇（Peters & Hertwich，2008）根据全球2001 年的贸易数据发现，发达经济体是主要的碳排放权净进口方。韦伯和彼得斯（Weber & Peters，2008）更是指出，作为世界重要的贸易大国之一的中国，其近 1/3 的碳排放与跨国贸易紧密相关。鉴于此，弗恩（Ferng，2003）提出的以更宽的口径界定碳排放责任的观点具有重要的实践意义。在产业转移的过程中，转出地通过自由市场交易在不影响本地发展所需资源的同时获得环境的改善，而产业承接地若缺乏有效规制可能在发展的同时以环境持续恶化为代价。其重要的启发在于，环境考量必须成为产业转移的重要考虑因子，从而出于全球环境改善的考虑，产业转出地的发达经济地域应该在碳减排上承担更多的责任和义务，在产业转移的同时切实帮助产业承接地提升碳减排技术等的支持。基于这个方面，波斯纳和桑斯坦（Posner & Sunstein，2007）甚至建议国际气候谈判中更多地考虑社会福利转移的议题，意图在发达和欠发达经济体之间实现碳减排收益的权衡。

2. 碳排放量分配对碳金融市场发展的影响。考虑到产业转移对碳减排所产生的社会公共福利的影响，碳排放权初始分配即碳减排责任安排随之成为碳排放权交易中最有争端的议题。目前，国际协调中有关碳减排责任安排主要存在基于人口规模、基于历史发展和基于当前发展状态安排三种模式。碳减排责任安排的争端事实上反映了不同经济发展阶段国家（地区）的利益争端。基于人口规模的碳减排责任安排的基本依据是"环境面前人人平等原则"，基于历史发展的碳减排责任安排是考虑了不同经济体发展历程中碳排放量对当前状态的累积影响水平，即"污染大，责任重"，而基于当前发展状态的安排是对于碳减排目标的负激励，容易导致"污染多，获益大"的结果。鉴于碳减排责任划分的激烈争论和意见分歧，格鲁伯和塞伯恩纽斯（Grubb & Sebenius，1992）的研究提供了一种向各方妥协的折中方案，即混合分配原则。对此问题的实践中，美国于 1990 年提出了免费分配、拍卖、定价交易三种分配方案。免费分配是相关部门给予企业部分无偿的碳排放权（量），拍卖则涉及竞价取得碳排放权（量），定价交易允许碳排放权（量）根据事先确定的价格进行交易。前两种是当前国际主流碳排放权市场交易机制安排。这个方面，国内学者也做了大量的相关研究，比如林巍、傅国伟、刘春华（1996）提出的排污权总量分配模式，李寿德和王家祺（2003）的排污权免费分配机制以及鲁炜和崔丽琴（2003）的拍卖机制设计。

3. 碳排放权交易市场结构对碳金融市场发展的影响。这个角度的探讨主要涉及碳排放权交易市场上，如果存在具有市场支配势力的一方，那么既定的市场规则可能遭遇挑战。哈恩（Hahn，1984）就已经指出，富有竞争效率的市场上，由于存在自由的市场碳排放权交易，事实上的碳排放权最终安排与其初始安排是无关的，但是，若自由竞争效率因市场支配力量的存在而受到影响，那么不当的初始碳排放权安排可能导致最终的碳排放权安排意图无法实现。米西奥莱克和埃尔德（Misiolek & Elder，1989）指出，若市场中存在支配性力量，碳排放权交易规模可能下降，而且拥有市场势力的企业可以借助市场影响力使得买方垄断碳减排权，阻碍新的碳排放权交易者进入市场或者将当前市场碳排放权交易者挤出。蒂滕贝格（Tietenberg，1991）的进一步研究证明，存在卖方支配力量的市场上，若新的意图交易碳排放权的企业无法获得碳排放补偿源，排放权市场交易机制就会在事实上崩塌。穆列瑞特（Mulleret，2002）的实证研究找到了运用市场支配力量左右碳排放权交易价格的明确证据。

针对上述问题，在碳排放权交易市场导入监管措施以保证环保措施的切实履行成为一个重要的问题。斯特拉隆德（Stranlund，1999）的研究强调了碳金融市场监管的极度重要性。监管不仅限于对违背市场规则者给予惩处，更重要的是引导碳排放资源的合理分配。根据格鲁布（Grubb，1992）的观点，如果碳排放权交易发生于不同的经济地域之间，那就亟待建立一个综合协调的监管组织，负责监督参与跨地域碳排放权交易主体严格遵守既定各种规则和规章。

在碳排放权定价机制方面，主要涉及非市场定价机制和跨期定价理论两种模式。非市场定价机制强调碳排放权涉及公共环境问题，基于公共品的外部性特征，其定价应该有别于可以明确私权的普通商品。根据卡明斯（Cummings，1986）的观点，由于碳减排的福利感受到主观意愿影响，难以确定整齐划一的标准，导致碳减排权定价基础的价值度量存在明显争议。如果基于主观感受判断支付意愿，兰开斯特（Lancaster，1966）和罗森（Rosen，1974）的享乐观定价与柯兰特和波特（Courant & Porter，1981）的转移支付法具有启发性，其他的一些方法，如从环境成本收益角度出发的影子价格法、稀缺租金定价法都有一定的支持者。但这些方法都缺乏对公共资源稀缺性以及资源配置公平性的考量，限制了其实践中的操作性。从跨期定价理论的角度看，其主要是考虑到，如果可以将碳排放权明确为特定条件下的私权，使其具备贮藏、交易、衍生等跨期交易所需的内在属性，在特定时间范围内，碳减排权交易者的逐利和投机动机将推动跨期交易的发展。在这个方面，鲁宾（Rubin，1996）从最优控制理论角度建立连续时间序列的碳排放特许权交易模型，谢纳赫（Schennach，2000）扩展了该模型，引入不确定性首次分析了连续、随机的无限期排污权价格模型，也得出了一些具有启发意义的结论。碳排放权定价的实证研究方面，霍姆堡格和瓦格纳（Uhrig-Homburg & Wagner，2008）基于欧盟市场碳排放权交易数据，认为碳排放权现货和期货市场定价存在长期协整关系。苯兹和特拉克（Benz & Truck，2008）基于碳排放权交易市场的信息效率、市场流动性等因素，研究发现通常的金融资产定价模型很难准确地描述碳金融市场上的产品定价，碳现货交易价格的时间序列具有一定的随机游走特征，而且清洁发展机制（CDM）市场上核证减排量（CER）对碳现货和期货市场定价具有一定的引导作用。

三、环境规制与污染产业转移相关研究评述

20 世纪 70 年代早期，环境经济学的兴起，激发了人们有关环境规制对产业区位选择相关问题的关注。逐步形成了针对跨国直接投资中的污染转移理论。该理论旨在强调环境规制差异驱动不同经济地域之间比较优势调整所导致的高碳排放产业的生产区位选择问题。对环境保护关注的不同，意味着不同的环境规制条件，这引起了企业生产环境成本的差异。高污染治理要求带来的支付将内化为企业的生产成本，低污染治理要求的地域生产企业因此获得源自环境规制的比较优势，促进了高污染企业外迁的冲动。这个方面的相关理论形成始于佩蒂格（Pethig，1976）和西伯特（Siebert，1977）对高污染企业转移现象的解释，其基本结论是环境规制级差催生了高环保要求国家向低环保要求国家转移高污染产业。在此基础上，沃特和乌格鲁（Water & Ugelow，1973，1979）提出名噪一时的"污染避难所"假说[①]。其承袭了环境规制级差带来生产比较优势改变的观点，认为追求收益最大化的企业会将生产转移到具有低成本优势的低环境规制国家（地区）生产，结果是高污染产业通过直接投资等形式不断发生跨

---

① Walter I., Ugelow J. Environmental policies in developing countries [J]. Ambio, 1979, 8 (23): 102 – 109.

国家（地区）转移，产业转移的承接地由此成为污染的避难所。鲍莫尔和奥特斯（Baumol & Oates，1988）在假设的两国模型中，一国存在环境规制而另一国不存在，其通过局部均衡分析方法证明了前者将不断削弱其在高污染产业上的比较优势，而后者则增强了污染产业的比较优势，从而其产业承接和后续的经济发展将以巨大的环境成本为代价。[①] 邢和科斯塔德（Xing & Kolstad，1996）的研究认为，污染避难所假说的成立，内含了三种前提：一是将环境因素纳入生产成本模型且二者有正向变化关系；二是环境规制带来了不同国家（地区）生产成本级差，这是高污染产业外迁的基本外部条件；三是生产中规避环境规制过程中，因生产的不可分性等原因使得企业必须重新选择生产的最适宜地域。[②] 基于上述研究，龙和西伯特（Long & Siebert，1991）考虑环境规制调整的 H－O 模型成为相关领域最成熟的模型之一。[③] 麦奎尔（Mcguire，1982）进一步拓展了 H－O 模型，在原来的模型中加入了环境成本和环境的外部性等影响因素。惠勒（Wheeler，2001）进一步提出了"污染底线竞赛"假说，其本质上是污染避难所的一个重要推论。根据其观点，欠发达经济地域出于社会经济发展的良好初衷，在产业吸引和承接过程中，若在环境规制强度方面相互竞争，可能引发类似公地悲剧的结果，致使部分欠发达地区的经济发展结构向污染底线水平收敛。[④] 上述以环境规制变化引致比较优势关系调整来解释污染产业转移的理论逻辑得到了主张生态重要性的学者们的广泛赞同，比如皮尔斯和特纳（Pearce & Turner，1990）、保罗·霍青（Paul Hawken，1999）的观点。弗农（Vernon，1966）提出的产品生命周期假说也是考虑到产品周期和环境成本的内在化解释了高污染产业的区位选择问题。国内的一些学者也就这些方面进行了较深入的研究，比如刘淑琪（2001）把高污染产业转移的机制描述为逐利企业规避环境成本的空间诉求；[⑤] 陈林和朱卫平（2010）则将高污染产业的转移视为受环境规

[①] Baumol W. J. , Oates W. E. The theory of environmental policy [M]. Cambridge：Cambridge University Press，1988.

[②] Xing Y. , Kolstad C. D. Do lax environmental regulations attract foreign investment? [J]. Environmental and Resource Economics，1996（21）：1－22.

[③] Long N. V. , Siebert H. Institutional competition versus ex-ante harmonization：The case of environmental policy [J]. Journal of Institutional and Theoretical Economics，1991，147（2）：296－311.

[④] Wheeler D. Racing to the bottom? Foreign investment and air quality in developing countries [J]. Environ，2001，10（6）：1－23.

[⑤] 刘淑琪. 我国引进外资过程中的污染转移问题研究 [J]. 山东财政学院学报，2001（1）：28－33.

制影响而发生的经济自发调整行为;[①] 李国平和俞文华（1999）等都认为环境梯度和成本级差是高污染产业向低环境规制地区迁徙的主要促进力。[②] 当然，上述的各种假说均建立在严格的假定基础上，如果放松这些假定，往往得出截然不同的理论观点，同时产生丰富的实践启发意义。比如，波特（Porter，1995）提出的波特假说认为，若摒弃静态发展思维，从经济动态演进的角度看，环境规制虽然提升了产业的边际成本，但同时提供了企业技术创新的压力，这种压力将直接推动洁净能源的开发利用及其相关的技术创新，一旦技术创新的收益抵消环境规制产生的成本增加，环境规制的成本约束将得到消弭，相关产业将重新获得多方面的提升能量，从而对高环境规制区域的经济发展产生积极效应。随着积极效应的区域扩散、延伸以及相关产业的模仿，高环境规制区域极有可能迎来新一轮的增长契机。

---

① 陈林，朱卫平. 广东省产业转移的发展现状与特征 [J]. 国际经贸探索，2010 (1)：24 - 28.
② 李国平，俞文华. 产业国际转移中我国产业结构重组基本策略探讨 [J]. 中国软科学，1999 (2)：17 - 20.

第三章
产业转移的基本动因与环境约束

本章首先对我国20世纪80年代以来的区域产业转移历程进行了回顾，文中指出，我国东部地区的产业发展在全国具有引领的作用和角色，带动了我国产业发展和产业结构调整的基本方向，总结提出了我国区域产业转移的基本特征，剖析了区域产业转移的基本动因，测算了我国区域产业转移的环境载荷，凸显出区域产业转移过程中环境问题的重要性。

第一节　我国区域产业转移现状

改革开放以来，我国经济保持了较高速的增长，同时也出现了区域发展的严重失衡，产业发展的结构性矛盾突出，产业和就业布局向东部地区集中过度，构成了我国经济可持续性快速增长的消极因素。在不同经济区际之间的产业转移，对全国范围内的要素配置效率提高、产业结构优化以及产业和就业布局结构调整，具有重要的意义。当前，我国已经进入产业跨区域转移的有利时期，产业由东部地区向中、西部地区转移步伐较快，表现出了市场扩张型转移和要素约束型转移的双重特征。实际中，尽管我国区际产业转移进入有利时期，在区际产业转移迅速增长的同时，也出现了一些问题，如东部地区政府对产业转移干预重视不足，中、西部地区因经济区位缺乏明显优势、人力资本不足、要素供给紧张、配套设施缺乏、市场容量较小等因素制约了产业转移的进程。而且在产业转移的过程中，也出现了忽视环境问题的现象，影响了产业转移的整体效率。

一、我国区域产业转移回顾

19世纪中叶以后，我国经济社会内外交困，自然经济逐步瓦解的同时，民族资本主义开始兴起。但其投资建厂主要集中在京、沪、汉等中心城市，这些城市成为中国工业发展的先行者。抗日战争爆发后，东部沦陷区的纺织、化工等产业部分内迁西部地区。中华人民共和国成立初期，战备思想推动了工业发展重心的西移，中、西部地区工业比重开始上升。根据国家统计局公布的数据计算所得，到 1979 年，东部地区的工业总产值占比约 57.2%，中部地区工业总产值占比约 26.5%，西部地区工业总产值占比约 16.3%。改革开放以后，随着市场经济体制的确立，政府计划工业布局的直接干预降低，东部地区凭借国家经济政策和经济区位优势，逐步确立起我国工业发展的新重心，随后出现的产业转移也呈现自西向东的格局，东部地区的工业重要性不断提升，东南沿海地区的工业总产值增加迅速。2005 年，全国近 70% 的工业生产聚集在东部地区，东部工业总产值的全国占比约 72.4%，达到峰值。2005 年以后，东部地区要素成本开始不断上升，环境压力增大等消极因素凸显，东部产业开始迁出，其工业产值比重开始下降。

1. 改革开放前的产业迁移。中华人民共和国成立初期，我国的工业基础相当薄弱。在中华人民共和国成立初期的经济恢复阶段，我国开始了以重工业为主的大规模建设。随后逐步建成了东北、华中和华北工业基地，西部地区的工业也得到了一定程度的建设。第一个五年计划期间，内地的工业建设投资取得了相当大的进展，内地工业发展主要集中在东北工业基地和西部一些中心城市和能源基地。第二个五年计划期间，国家在工业领域投资的重点进一步向西部地区倾斜，沿海的工业发展在一定程度上被忽视，其改建、扩建投资量相对较小。根据陈栋生（1993）统计，到 1955 年，沿海工业增长速度不足 5%，上海的工业增长速度相比前一年还有所下降；20 世纪 60 年代中期，我国出现了对国际形势的不当估计，把全国划分为一线、二线和三线地区，提出在三线建设大后方战略。由此导致了东部沿海、华北等地的工业项目向西部迁移。在第三个五年计划和第四个五年计划期间，在中、西部地区的产业投资和建设资金占全国基本建设投资的 58%，其中三线地区的建设投资占投资总额约 43%。[①] 这种状况形成了我国历史上第一次大规模的、人为驱动的区际产业转移。凭借这个机会，西部地区的工业化攀上了新的台阶，成为西部地区后来经济发展的重要基础。

2. 改革开放初期至 20 世纪 90 年代中期的产业转移。改革开放初期，我国开始建设有中国特色的社会主义，市场经济逐步确立。这个阶段中，和全国工

---

① 陈栋生. 区域经济学 [M]. 郑州：河南人民出版社，1993.

业总产值相比，东部地区的工业产值比重开始上升。1981 年东部地区轻、重工业总产值占全国的比重分别为 62% 和 54.7%，到 1993 年，这两个比重分别上升至约 74% 和 60%，与此同时，中、西部地区的工业总产值占全国的比重大幅度下降。①

以重工业为例，1981~1993 年，中、西部地区重工业总产值在全国占比分别由 31.75% 和 13.68% 下降至 28.17% 和 12.23%；中、西部地区的轻工业总产值在全国占比下降更多。我国工业发展在改革开放后呈现向东转移特征，即便重工业转移受制于建设周期长、转移成本高昂等因素，也依然出现了东移进度加快的特征，这种现象也与我国改革初期大型成套项目引进政策有关。② 根据付保宗（2008）的研究，如果我们区分经济类型可以发现，这个阶段中，非国有经济是推动产业跨区域转移的主体因素（见表 3-1）。

表 3-1　　　　　　　全国工业企业总产值占全国比重变化　　　　　　　单位：%

指标	地区	1981 年	1995 年
非国有企业总产值占全国比重	东部地区	65.5	72.8
	中部地区	24.5	20.8
	西部地区	10.0	6.4
国有企业总产值占全国比重	东部地区	56.4	51.9
	中部地区	28.6	31.7
	西部地区	15.1	16.5

资料来源：付保宗. 中国产业区域转移机制问题研究 [M]. 北京：中国市场出版社，2008.

3. 20 世纪 90 年代后期至今的产业转移。根据《中国产业发展报告（2012-2013）》的研究发现，这个阶段中，我国产业转移出现了双向转移特征③，1997~2005 年，中、西部地区的多数工业行业重点都有向东部地区转移的倾向，特别是制造业，而与能源有关的工业，如煤炭采选、石油、天然气开采等东迁倾向相对较弱。刘红光（2011）等学者通过投入产出表法更准确地衡量了我国 1997~2007 年的产业转移情况，其研究指出，这个阶段中，机械、电子、石化、纺织、造纸等制造业产业并没有呈现由东部向中、西部转移的倾向，特别是机

---

①③　国家发展和改革委员会产业经济与技术经济研究所. 中国产业发展报告（2012-2013）[M]. 北京：经济管理出版社，2013.

②　付保宗. 中国产业区域转移机制问题研究 [M]. 北京：中国市场出版社，2008.

　　　　　　　　　　　　　　　　　　　　　　　中南财经政法大学"双一流"建设文库

械、电子、通信等制造业还具有明显的由中、西部向东部转移的趋势，这个阶段中，由东部地区向中、西部地区转移的产业主要是能源和原材料采掘等产业①。这说明，中、西部地区的产业承接主要以资源型产业为主，这种转移可能与东部地区出口产品对原材料需求不断提升有关。我国虽然在这个阶段中采取了一些促进区域发展的政策，但制造业进一步向东部转移的趋势依然存在。2005 年以后，受到东部地区工资、土地、环境成本不断上升的影响，东部地区的经济区位和产业在东部地区集聚的经济效益相对逐步下降，东部地区的工业总产值比重开始有所下降。

二、我国区域产业转移的现状与特征

我国东部地区的产业发展在全国具有引领的作用和角色，带动了我国产业发展并引领产业结构调整的基本方向。最近几年，东部地区经济相对较发达，技术和资本密集型产业发展迅速，在人力资本、技术等方面有了相当的积累，具备了产业结构调整升级优化的基础性条件。同时，东部地区人力资源、要素资源、土地资源的供给日益紧张，环境压力凸显，客观上也产生了通过产业转移实现产业结构调整升级的要求。中、西部地区也期待通过产业承接加快本地区工业化和城镇化的步伐。而且，产业转移也有利于我国就业布局优化，解决全国范围内就业的不合理集聚、大城市人口压力过大、环境恶化等问题。因此，在上述众多因素的共同作用下，我国当前产业转移的具体显示中也呈现出一些明显的特征。

首先，东部地区因要素供给压力，在产业结构调整中内在地产生了产业转移的需求，而且该地域较发达的经济也客观上具备了转移的实力和能力。一方面，从人均国内生产总值看，我国东部地区已经接近或达到中等发达国家水平，产业转移的能力不断提高。根据《中国统计年鉴（2018）》，除河北、海南外，我国东部地区多数省份的人均国内生产总值都达到 9000 美元以上（见表 3 – 2）。根据邓宁（1988）的观点，东部发达省份基本已进入大规模对外投

① 刘红光，刘卫东，刘志高. 区域间产业转移定量测度研究——基于区域间投入产出表分析 [J]. 中国工业经济，2011（6）：79 – 88.

资阶段。[①] 另一方面，东部地区生产资源供给紧张，土地、劳动力等成本不断上涨，和中、西部地区相比，这些方面已经不再具备成本优势。以制造业平均工资为例，根据国家统计局 2010 年数据，21 世纪初，东部地区制造业平均工资约12600 元，中部地区平均工资约 8700 元，西部地区制造业平均工资约 10200 元，东部和中、西部制造业平均工资相差分别约 3900 元和 2400 元；到 2010 年，东部地区制造业平均工资约 35200 元，中部地区平均工资约 28300 元，西部地区平均工资约 31600 元，东部和中、西部的制造业平均工资差距分别放大到约 6900元和 3600 元。尤其是最近几年以来，中、西部地区的经济发展较快，加之地方相关政策引导，中部和西部地区吸引了大量的劳动力资源回流，很多中、西部的劳动力选择当地就业、就近就业或者回乡自主创业，东部地区开始频现"用工难"现象。

表 3 - 2   **2017 年我国各省份人均 GDP 排名**

排名	地域	省份	GDP（亿元）	年末常住人口（万人）	人均 GDP（元）
1	东部	北京	28014.94	2171	129041.6
2		上海	30632.99	2418	126687.3
3		天津	18549.19	1557	119134.2
4		江苏	85869.76	8029	106949.5
5		浙江	51768.26	5657	91511.9
6		福建	32182.09	3911	82286.1
7		广东	89705.23	11169	80316.3
8		山东	72634.15	10006	72590.6
17		海南	4462.54	926	48191.6
14		辽宁	23409.24	4369	53580.3
19		河北	34016.32	7520	45234.5

[①] 约翰·邓宁（1988）的对外投资理论中，他将人均 GDP 划分为四个区间：人均 GDP 小于 400 美元、人均 GDP 大于 400 美元小于 2000 美元、人均 GDP 大于 2000 美元小于 4750 美元和人均 GDP 大于 4750 美元。邓宁认为，第一区间段无外资，第二区间段开始吸引外资，第三区间段对外投资继续增长，第四区间段为净对外投资。

续表

排名	地域	省份	GDP（亿元）	年末常住人口（万人）	人均GDP（元）
11	中部	湖北	35478.09	5902	60112.0
13		吉林	14944.53	2717	55003.8
16		湖南	33902.96	6860	49421.2
18		河南	44552.83	9559	46608.3
23		江西	20006.31	4622	43285.0
24		安徽	27018.00	6255	43194.2
25		黑龙江	15902.68	3789	41970.7
26		山西	15528.42	3702	41946.0
9	西部	内蒙古	16096.21	2529	63646.5
10		重庆	19424.73	3075	63169.9
12		陕西	21898.81	3835	57102.5
15		宁夏	3443.56	682	50492.1
20		四川	36980.22	8302	44543.7
21		新疆	10881.96	2445	44507.0
22		青海	2624.83	598	43893.5
27		西藏	1310.92	337	38899.7
28		广西	18523.26	4885	37918.6
29		贵州	13540.83	3580	37823.5
30		云南	16376.34	4801	34110.3
31		甘肃	7459.90	2626	28407.8

资料来源：根据《中国统计年鉴（2018）》整理。

　　由于东部地区环境压力不断增大，地方政府在污染排放和能耗标准方面不断提高要求，高能耗、高污染企业在土地、融资等方面受到日趋严格的政策限制，相关产业的成本压力进一步增大，生存空间不断缩小。再考虑到区域内大量企业对有限生产要素的激烈争夺，东部地区一些产业的集聚效应减弱。这些都迫使企业开始把发展的目光投向本地域之外，寻求并拓宽发展空间。

　　其次，东部地区相关产业加快了转移步伐，中部地区成为产业区际转移的主要承接地。根据《中国产业发展报告（2012–2013）》利用中、西部省份承接投资增速等数据统计[1]，2007～2011 年，中、西部一些省份承接投资规模翻番。其调研显示，所承接资金的 75% 以上来自东部沿海地区。中、西部地区部分省份利用域外资金情况如表 3-3 所示。而且，我国东部地区工业总产值在全国工业总产值中的比重，由 2005 年的 72% 强降至 2010 年的约 66%，中部地区的工业总产值在全国占比由 2005 年的近 17% 上升至 2010 年的 20%，这段时间中，西部地区的工业总产值在全国占比也由约 11% 上升到 13%。各区域的产业总产值的变化进一步佐证了东部地区产业向中、西部地区转移的趋势。《中国产业发展报告（2012-2013）》统计显示，从净转移总量角度，中部地区是产业净转入地区，2007～2010 年，中部地区产业净转入 2938 亿元；从转移方向角度，东部地区向中部地区产业净转移规模最大，达 1764 亿元，其次是西部地区向中部地区的产业净转移，达 1621 亿元。中部地区成为区域产业转移的主要承接地。

表 3-3　　　　　　中、西部地区部分省份利用域外资金情况　　　　　单位：亿元

地区	省份	(1)	(2)	(3)	(3)／(1)
		2007 年	2009 年	2011 年	
中部地区	江西	828.6	1367.1	2579.2	3.1
	湖南	1052.8	1443.0	2086.0	2.0
	河南	1522.0	2201.9	4016.3	2.6
	安徽	2161.1	4939.7	4181.2	1.9
西部地区	四川	1972.8	4063.7	4536.2	2.3
	重庆	430.0	1468.0	4919.8	11.4
	云南	530.0	1019.3	1790.0	3.4

资料来源：国家发展和改革委员会产业经济与技术经济研究所. 中国产业发展报告（2012-2013）[M]. 北京：经济管理出版社，2013.

再次，我国当前的产业转移同时呈现市场扩张驱动和要素约束驱动特征。截至 20 世纪末，我国东部地区经济发展的过程中，拥有政策、经济区位等方面的优势，促使了经济资源在该区域的集聚，加之生产要素供给成本不高，市场上就生产要素展开的争夺尚不激烈，东部地区的产业发展中经济集聚效应明显，产业转出也较少。21 世纪以来，东部地区要素争夺开始激烈，环境压力增大，

---

[1] 国家发展和改革委员会产业经济与技术经济研究所. 中国产业发展报告（2012-2013）[M]. 北京：经济管理出版社，2013.

产业发展中的要素约束特征显现，加上地方经济实力增长以及企业扩张意愿强烈，产业转移开始加速。国家发展和改革委员会产业经济与技术经济研究所相关课题组通过在东部和中部地区向 15 大行业的中小企业随机发放的 840 份问卷调查①显示，东部地区企业对外转移以市场扩张型为主，然后是生产要素约束型转移。

其中，市场扩张型产业转移可以区分为单一企业市场扩张转移和龙头企业带动的市场扩张转移两种。前者通常是以中央企业为代表的大中型企业，从行业看主要是能源、钢铁等资本密集型重工企业，其扩张主要看中的是规模经济和市场占有率等因素；后者带动的产业市场扩张转移主要集中在机械、电子等生产标准化程度较高的劳动密集或技术密集型企业，通常表现为在某区域先有大企业入驻，配套跟进后其他企业跟随入驻，其看中的主要是在生产环节上的协同生产能力。要素约束型产业转移以中小企业为主，容易出现集群转移的特征。总体上，从东部、中部和西部之间的产业转移与承接关系看，东部地区向中部地区的产业转移较明显的是劳动密集型产业，多属于要素约束型转移；东部地区的资本密集型产业向中、西部的产业转移不明显，且多以市场扩张型转移为主；技术密集型产业向东部地区转移的趋势依然明显。东部地区产业转移特征如表 3－4 所示。

表 3－4　　　　　　　　　东部地区产业转移特征

产业特征	产业转移属性		产业转移方向	转移明显程度
	要素约束	市场扩张		
劳动密集	主要	次要	中部为主	较明显
资本密集	次要	主要	中、西部	不明显
技术密集	部分呈现		中、西部局部	整体不明显，部分生产环节转移

资料来源：国家发展和改革委员会产业经济与技术经济研究所. 中国产业发展报告（2012－2013）［M］. 北京：经济管理出版社，2013.

从表 3－4 可以看出，东部较发达地区正在加快产业结构调整的步伐，受制于产业投入要素限制，要素约束型产业主要转移向较落后的中、西部地区，市

---

① 国家发展和改革委员会产业经济与技术经济研究所. 中国产业发展报告（2012－2013）［M］. 北京：经济管理出版社，2013.

场扩张型转移方向发散。以浙江企业调查队的调查结果为例，浙江乐青民营企业扩张中，选择企业转移扩张的占比超过 2/3 强，而选择原址扩张的不足 1/3，珠三角地区更倾向于产值扩张和生产环节转移方式。其重要原因在于要素供给压力和当地环保压力，企业开始选择将低端制造环节或者污染环节转移出去，生产环节转移成为重要的产业转移方式。也有一些地方政府基于当地产业发展的比较优势、环保目标等提出了腾笼换鸟方式，即将缺乏生产比较优势或者不符合当地环境目标等的产品生产或生产环节转移出去，同时引进或者扩张符合地方发展意图的相关产业。《中国产业发展报告》结合我国 2007~2010 年区域间投入产出表加工出了我国产业区际转移的比重，如表 3－5 所示。

表 3－5　　中国不同行业跨区域产业转移比重（2007~2010 年）　　单位:%

产业类型	行业	东部	中部	西部
能源、原材料	煤炭采选	11.83	-0.71	-11.11
	石油、天然气开采	13.86	-3.49	-10.36
	金属矿采选	9.05	-2.26	-6.79
	非金属矿采选	16.43	-1.89	-14.54
	电力、热力生产供应	4.12	-1.77	-2.35
	燃气、水的生产供应	11.78	-7.21	-4.57
劳动密集型	食品制造与烟草加工	9.92	-8.52	-1.40
	纺织业	4.40	-2.01	-2.39
	服装、鞋帽、皮革、羽绒及其制品	2.95	-5.18	2.22
	木材加工及家具制造	4.73	-8.63	3.90
	造纸印刷及文教体育用品制造	1.83	-1.56	-0.28
	通用、专用设备制造	-3.79	2.27	1.53
	金属制品业	-12.14	6.14	5.99
资本密集型	石油加工、炼焦及核燃料加工业	0.76	1.16	-1.92
	化学工业	-2.23	0.80	1.43
	非金属矿物制品业	0.07	-1.98	1.91
	金属冶炼及压延工业	-1.34	-0.62	1.96
	交通运输设备制造业	-1.93	0.69	4.71

续表

产业类型	行业	东部	中部	西部
技术密集型	电气机械及器材制造	-5.20	1.21	3.99
	通信设备、计算机及其他电子设备	-4.56	1.37	3.20
	仪器仪表及文化办公用机械制造	-12.77	6.47	6.04
其他	其他制造业	11.83	-0.71	-11.11

注：正数表示净迁出，负数表示净迁入。
资料来源：国家发展和改革委员会产业经济与技术经济研究所. 中国产业发展报告（2012 - 2013）[M]. 北京：经济管理出版社，2013.

　　最后，东部发达地区对环保目标的追求是驱动产业转移的重要原因之一，但这种情况下的区际产业转移出现污染转移现象。我国东部地区经济发展过程中，生态环境遭受了严重破坏。作为我国工业重心的东部地区同时也是废水、废气大量排放的重点地区。为改善环境质量和推进产业结构升级，东部发达地区开始提高产业技术标准和环保要求，对低附加值、高能耗、高污染的产业分类调整改造，这些压力迫使该类企业逐步向落后地区转移扩散。一些西部省份在招商引资的过程中，过分关注经济发展，无视环保问题，承接了不少较发达地区关停的污染企业，出现污染转移现象。国内区域污染产业转移可以区分为污染产业绝对转移和污染产业相对转移。前者意指污染密集产业在产业转出地的产值规模和比重不断降低而污染产业承接地的产值规模和比重不断提高的情况；后者强调的是污染产业转出地和承接地的产值规模都在增长，但污染产业承接地的产值规模和比重增长速度更快，产业转移的空间布局上出现由较发达的转出地区向较落后的承接地推进的趋势，后者是实际中的常见情形。姜奕（2012）根据 2001～2011 年的《中国统计年鉴》等数据资料，借鉴冯根福（2010）区域产业转移的比较分析法，对我国东部、中部和西部地区污染密集型产业增加值在全国占比以及相对产业转移情况进行了统计分析（见表 3-6），研究发现我国污染产业转移尽管绝对规模并不算太大，污染转移主要表现为相对污染转移，但东部、中部和西部地区的污染产业转移规模有逐步加强的趋势。具体表现为：2000～2010 年，东部地区污染产业转移趋势明显。2000～2005 年，西部地区有非金属矿采业、石油炼焦业、医药制造业 3 个污染密集型产业相对转入；2006～2010 年，西部地区有黑色金属矿采业、煤炭开采业、食品制造业、专用设备制造业、石油炼焦业、电力热力供应业、非金属矿采业、有色金属矿采业以及医药制造业 9 个污染密集产业相对产业转入。西部地区污染产业转入，尤其是重度污染产业转入趋势明显。[1]

表 3-6　　我国污染密集型产业增加值在全国占比和产业转移情况

行业	地区											
	东部				中部				西部			
	2000年	2005年	2010年	转移情况	2000年	2005年	2010年	转移情况	2000年	2005年	2010年	转移情况
纺织业	75.8	76.9	83.3	↑	16.7	18.7	13.3	±	7.6	6.5	5.1	↓
非金属矿制品业	60.2	63.2	65.0	↑	25.6	26.4	26.2	±	14.2	11.4	9.8	↓
黑色金属矿采业	58.6	54.6	54.7	±	28.2	35.3	30.1	±	13.4	10.4	15.6	±
金属制品业	83.4	86.7	88.6	↑	10.7	8.7	8.2	↓	5.5	4.2	2.8	↓
煤炭开采业	34.3	37.6	32.1	±	49.0	47.8	48.2	±	16.7	14.6	19.7	±
食品制造业	68.3	73.3	63.4	±	21.7	19.9	24.1	±	10.0	6.8	12.6	±
有色金属矿采业	32.6	34.7	21.9	±	29.1	29.0	32.9	±	38.3	36.3	46.9	±
非金属矿采业	54.5	50.3	44.6	↓	25.9	29.0	33.7	↑	19.0	17.9	19.0	↑
电力热力供应业	64.5	68.9	59.3	±	20.4	18.9	22.2	±	15.1	12.1	18.4	±
石油炼焦业	63.1	58.0	56.7	↓	27.0	28.1	27.6	±	10.3	14.0	15.7	↑
有色金属冶炼业	37.9	34.7	37.8	±	30.9	35.0	35.6	↑	31.1	30.2	26.5	↓
造纸业	68.9	74.6	79.7	↑	20.5	16.3	14.2	↓	10.5	8.5	5.7	↓
黑色金属冶炼业	61.9	64.8	69.1	↑	22.1	20.2	18.1	↓	15.9	14.7	12.5	↓
化纤制造业	83.6	84.7	86.1	↑	11.2	11.0	10.7	↓	5.1	4.2	3.2	↓
化学原料制造业	66.6	69.9	73.6	↑	19.7	17.4	14.1	↓	13.7	12.8	12.4	↓
医药制造业	56.6	55.8	55.4	↓	25.2	25.6	25.4	↑	18.2	18.6	18.4	↑
专用设备制造业	72.5	73.9	70.7	±	20.0	19.6	19.2	↓	7.5	6.6	10.2	±

　　注：表中研究的时间段区分为"2000～2005 年"和"2005～2010 年"两个时间段；符号"↑"（"↓"）表示在两个时段中，相应区域的相应行业均存在产业转入（转出）；符号"＋"表示迁入，"－"表示转出，"±"说明了不同时段中不同地域相应产业转入转出的转换情况。

　　资料来源：姜奕. 污染产业转移和西部环境质量［D］. 武汉：中南民族大学，2012.

---

[1]　姜奕. 污染产业转移与西部环境质量研究［D］. 武汉：中南民族大学硕士学位论文，2012.

第二节 产业转移的基本动因

产业转移的一般动因可以分为基于比较优势理论的产业区际转移和基于产业集聚理论的产业区际转移。前者主要强调的是经济社会发展过程中,企业生产的比较优势变化带来的边际产业拓展。因此,产业通常是特定区域内比较劣势产业或者比较优势逐步丧失的产业外迁,其主要的影响因素是生产投入要素及资源调整产生的成本差异,比如劳动密集型产业转移理论、边际产业拓展理论、产品生命周期理论等都属于根植于比较优势理论的产业转移理论观点。后者主要是以新经济地理学理论为基础,研判产业转移过程中的区位、产业集聚与产业拓展等因素的影响。在这种情况下,产业转移的实质是产业集聚演进中的一种现象。① 产业区际转移现象的产生通常与产业集聚产生的集聚租金存在正的相关关系,当集聚租金较高时,企业对该租金利益的寻求会产生特定区域内的集聚现象,否则,面对较低的集聚租金或者集聚租金不断下降的情况,部分企业将考虑向区域外部寻找新的租金收益。从我国的实际情况来看,产业区际转移的动因也包括这两方面的因素,只是具体情况有所不同。

我国产业比较优势的调整,表现为东部地区生产投入要素成本的快速上升迫使区域产业结构升级。首先,在东部地区经济快速发展的过程中,产业发展依托的资源日益紧张,资源市场竞争激烈,这推动了企业向资源较丰富的中、西部地区转移的动机;其次,企业生产投入要素如土地、劳动力等价格的不断上扬驱动了企业向要素成本相对较低的中、西部地区迁移的动力;再次是企业发展壮大需要不断开拓新的市场,提升市场份额,推动了企业向中、西部新兴市场的转移;最后,随着国家相关政策调整,中、西部地区产业基础和配套设施完善,以及政府引导下的经济发展模式吸引了东部地区产业的迁入。值得注意的是,我国企业对国际化分工的介入加深而产生的产业结构调整,以及中、西部

---

① P. Krugman. Scale economy, product differentiation and trade models [J]. American Economic Review, 1980, 70 (5), 950-959.

地区地方政府引导的经济社会发展思路和其对地方 GDP 的过分追逐也是产业区际转移的重要影响因素。《中国产业发展报告》从企业成长、制度与政策、要素禀赋变化、区位与交易成本角度总结研究了我国产业区际转移的动因（见表 3 – 7），其研究指出，在这些因素中，要素禀赋变化、制度与政策因素的影响权重较高。

表 3 – 7   中国产业区际转移动因分类

	企业成长	制度与政策	要素禀赋变化	区位与交易成本
转出地	1. 和配套企业搬迁 2. 扩大市场份额 3. 提高企业知名度 4. 企业战略 5. 决策者行为	1. 优惠政策结束 2. 政策推动 3. 淘汰落后产业	1. 劳动力成本上升 2. 人力资源紧张 3. 土地资源紧张 4. 资源环境紧张 5. 融资成本上升 6. 原料成本上升	1. 改变区位条件 2. 引进技术 3. 宏观政策导向 4. 产业转移政策
承接地	1. 和原厂距离近 2. 便于生产协作、产品配套	1. 政府优惠政策 2. 基础设施配套完善 3. 政府运作效率	1. 招工容易 2. 劳动力成本低 3. 土地成本低 4. 近原料资源地 5. 研发能力 6. 资金成本 7. 水电能源价格	1. 回乡创业等 2. 熟人介绍 3. 人文环境相近社会因素 4. 靠近港口、方便出口 5. 市场化、信息化程度

资料来源：国家发展和改革委员会产业经济与技术经济研究所. 中国产业发展报告（2012 – 2013）［M］. 北京：经济管理出版社，2013.

第三节　我国产业转移的环境载荷

我国以往的粗放式发展模式虽然造就了引领中国经济发展的发达的东部地区，但也在该地区造成了资源的过量消耗和严重的环境污染。比如，石化能源使用是 PM2.5、氮氧化物等空气污染的主要来源。粗放式发展模式下的高能耗、高资源消耗使得我国的资源依存度不断上升，一些重要资源的供给压力很大，江浙一带最近几年出现的淡季电荒就是一个重要的例证，能源资源的短缺已经严重制约了东部较发达地区相关产业，尤其是与能源资源有关的重工业的发展。目前，根据相关部门对"三废"污染物排放指标看，我国东部沿海地区是废水和废气排放的重点地区，造成了沿海省份环境破坏；工业固体废弃物排放则主要集中在中、西部地区。而且，经济越发达的地区，人口密度也大，大气和水污染也较严重，我国工业污染物排放的结构性问题较明显。这些因素使得东部地区相关产业转移动力和中、西部地区相关产业的吸引力不断提升。

我国过去的经济快速发展是以严重的环境透支为代价的。从产业发展的价值链来看，相对于高端环节，加工制造环节通常消耗更高的能源和资源，相应的环境污染问题也比较突出。从国际产业分工的角度看，我国长期固化于产业价值链低端的加工制造环节，不断恶化了我国的资源环境压力。大量开采、生产和废弃的发展模式加重了环境污染，使得大气、水资源遭受严重破坏。过往的发展模式造成了今日的环境灾难。水污染、大气污染和耕地退化等环境指标，我国都处于世界"领先"地位，这些对我国在经济健康、公共卫生、社会发展稳定性和国家声誉方面产生了消极影响。

一、我国产业转移的环境载荷现状

1. 水资源短缺和低效率使用、水体污染并存。我国面临着水资源总量缺口大，人均水资源严重不足，水资源时间、空间分布不均衡，同时水资源污染严重的局面。根据 2018 年中国水资源公报，我国水资源人均储量只有 2200 立方米，这个数量仅仅相当于世界平均水平的 1/4；地理空间上，南方水资源相对丰富，北方水资源相对匮乏。根据《国际统计年鉴（2013）》，世界人均可再生淡水资源 6266 立方米，淡水消费总量占比 7.3%，其淡水消费总量中，农业消耗淡水占比 70% 左右，工业消耗淡水占比 18.3%，生活消耗淡水占比 11.7%。高收入国家人均可再生淡水资源 8302 立方米，淡水消费总量占比 9.4%，其淡水消费总量中，农业消耗淡水占比 41%，工业消耗淡水占比 42.2%，生活消耗淡水占比 16.8%。我国人均可再生淡水资源 2113 立方米，淡水消费总量占比 19.3%，其淡水消费总量中，农业消耗淡水占比 64.6%，工业消耗淡水占比 23.2%，生活消耗淡水占比 12.2%。联合国认定我国是世界上最缺水的 13 个国家之一。[①] 但是，我国经济社会发展过程中，人均用水量呈现刚性增长趋势。

---

① 中华人民共和国国家统计局. 国际统计年鉴（2013）[M]. 北京：中国统计出版社，2013.

2012 年年均用水量已经突破 6000 亿立方米，约占水资源可开发利用量的 74%，年均缺水 500 亿立方米。截至 2012 年，全国地下水开采量达 1109 亿立方米，占全国总供水量的 18.5%，大规模的地下水开采，引发地下水位下降、地面沉降、土地沙化等一系列问题。① 从产出来看，我国单位立方米用水的国内生产总值仅为世界平均水平的 1/3，万元工业增加值用水量为发达经济体的约 4 倍，达 120 多立方米，水资源利用效率低下。另外，工业废水排放是水资源的最大污染源，如图 3-1 所示，大量废水排放严重污染水体资源，我国已经是世界上污水排放最大的国家之一。2014 年，全国地表水总体轻度污染，部分城市河段严重污染，地表水水源地主要超标指标为总磷、锰和氨氮，地下水水源地主要超标指标为铁、锰和氨氮，地下水水质情况如图 3-2 所示。

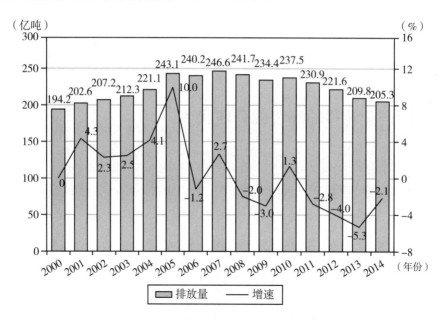

图 3 - 1　我国 2000 ~ 2014 年工业废水排放情况

资料来源：根据《中国环境统计年鉴（2015）》和生态环境部网站公布数据整理。

2013 年 4778 个监测点中，水质优良的监测点比例为 10.4%，良好的监测点比例为 26.9%，较好的监测点比例为 3.1%，较差的监测点比例为 43.9%，极差的监测点比例为 15.7%。主要超标指标为总硬度、铁、锰、溶解性总固体、"三氮"（亚硝酸盐、硝酸盐和氨氮）、硫酸盐、氟化物、氯化物等。

---

① 上海财经大学中国产业发展研究院. 中国产业发展报告（2014）［M］. 北京：上海财经大学出版社，2014.

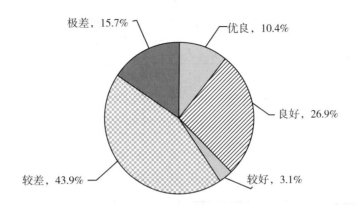

图 3 - 2　2014 年我国地下水监测点水质情况

资料来源：国家生态环境部网站［EB/OL］．http：//jes.mep.gov.cn.

2. 能源与矿产资源的供求缺口大。根据《中国的能源政策（2012）》，我国资源约束矛盾突出。从资源人均占有量看，我国煤炭、石油和天然气人均水平仅为世界人均水平的 67%、5.4% 和 7.5%；从资源消耗量看，2012 年我国标准煤消耗约占全球当年总消耗的 21.3%，但其创造的国内生产总值仅仅占全球的 10%，这使得我国碳排放水平居高不下。我国的矿产资源形势更加严峻，我国金属矿山中，很多骨干矿山已经因资源枯竭面临关闭，可开采的金属矿山大量存在开采品位降低等导致的开采经济性下降等问题。[①] 同时，根据2013 - 2014年度矿产资源节约与综合利用报告，经济发展导致的消费水平和消费结构变化，人均金属矿产资源消耗增速明显，相比 2005 年，2013 年金属矿产人均矿耗增幅超过 100%，我国已经成为世界上最大的矿产消费国之一。[②]

3. 我国大气环境形势同样严峻。大气污染物主要强调的是进入大气的、能使空气质量变差的物质，目前已知的有一百多种大气污染物，总体上可以分为自然因素和人为因素产生的污染物，其中人为因素包括工业废气、生活排放等。根据《中国环境统计年鉴（2014）》统计数据，我国 2000～2014 年工业废气排放持续增长，2014 年达 694190 亿立方米，2006 年我国二氧化硫排放是美国的 2 倍多，达 2588.8 万吨，随后虽有所下降，但我国每单位国内生产总值的二氧化硫排放仍明显高于发达经济体，如表 3 - 8 所示。

---

① 中华人民共和国国务院新闻办公室．中国的能源政策（2012）［M］．北京：人民出版社，2012.
② 国家发展和改革委员会．中国资源综合利用年度报告（2014）［J］．再生资源与循环经济，2014，7（10）：49 - 56.

表 3 - 8   我国 2000 ~ 2014 年工业废气排放情况

年份	工业废气排放总量（亿立方米）	二氧化硫排放总量（万吨）
2000	138145	1995.1
2001	160863	1947.8
2002	175257	1926.6
2003	198906	2058.5
2004	237696	2254.9
2005	268988	2549.4
2006	330990	2588.8
2007	388169	2468.1
2008	403866	2321.2
2009	436064	2214.4
2010	519168	2185.1
2011	674509	2217.9
2012	635387	2118.1
2013	669361	2043.9
2014	694190	1974.4

资料来源：根据《中国环境统计年鉴（2014）》和生态环境部网站公布数据整理。

根据表 3 - 8 可以做出 2000 ~ 2014 年我国废气排放变化的大体趋势，如图 3 - 3 所示。

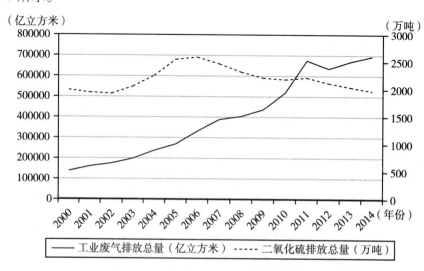

图 3 - 3　我国 2000 ~ 2014 年工业废气排放变化趋势

大气污染中的二氧化碳过量排放是更严峻的问题。可以说，在所有的环境问题中，矿物质燃料使用所排放到大气中的以二氧化碳为代表的温室气体引起的全球气候变暖问题最为严重，人类正遭遇的全球气候变暖和世界工业化活动同步，近百年来我国气候变化和全球气候变化具有基本一致的趋势。《中华人民共和国气候变化第二次国家信息通报》（2012）指出，温室气体排放导致的气候变化已经对我国的农业生产产生消极影响，如果不采取任何措施，未来气候变化将导致我国水稻、玉米和小麦等主要粮食作物减产；气候变化已经引起了我国水资源分布的变化，且未来的影响会更显著；气候变暖已经导致我国部分树种分布界线北移，林线上升和林火、病虫害加剧等；气候变化造成中国沿海海平面呈现明显上升趋势，近年来，沿海海平面平均上升速率为 2.6 毫米/年，高于全球年均 1.7 毫米的上升速度，且沿海的风暴灾害加剧；气候变化对人体健康也带来了直接和间接的消极影响。

值得强调的是，自 2006 年起，我国已经超越美国成为居世界首位的二氧化碳排放国家，总排放量是美国的一倍，碳排放和碳减排压力巨大。2013 年中国人均二氧化碳排放量高达 7.2 吨，首次超过欧盟人均排放量 6.8 吨，而同期印度人均排放量为 1.9 吨，当年，中国、美国和印度二氧化碳排放量分别增长 4.2%、2.9% 和 5.1%，欧盟下降 1.8%。

由于人类的活动，大气中的温室气体浓度明显增加，已经远远超出工业化前数千年浓度总值，而且全球气温和大气中的温室气体浓度仍然呈明显的上升趋势，图 3 - 4 呈现了 1881 ~ 2013 年全球气温的变化趋势，图 3 - 5 呈现了全球 1980 ~ 2013 年的碳排放情况，包括二氧化碳、甲烷和氧化亚氮，其中，二氧化碳是最重要的人为温室气体。2004 年，全球使用石化燃料排放的二氧化碳占温室气体总排放的近 60%。

我国依然处于工业化的进程中，以石化能源驱动的经济增长不可避免地带来二氧化碳的高排放。国际能源署（IEA，2009）统计数据显示，2007 年，我国石化资源消耗产生的二氧化碳排放达 60.7 亿吨，已经超越美国 57.7 亿吨的排放量而居全球首位。《中华人民共和国气候变化初始国家信息通报》（2004）指出了我国气候变化的影响及其脆弱性，气候变化已经影响了我国的水资源、农业、陆地和近海生态系统。随着我国工业化进程，经济和社会现代化过程中的能源消费量仍会不断增加，二氧化碳的排放还会进一步上升，在全球气候恶化的背

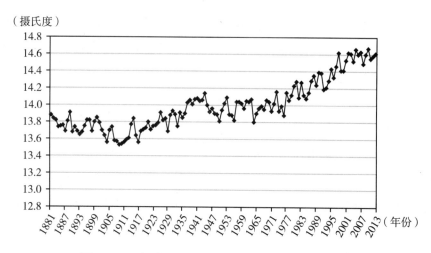

图 3 - 4　全球平均气温变化（1881～2013 年）

资料来源：Earth Policy Institute ［EB/OL］. http：//www. earth-policy. org.

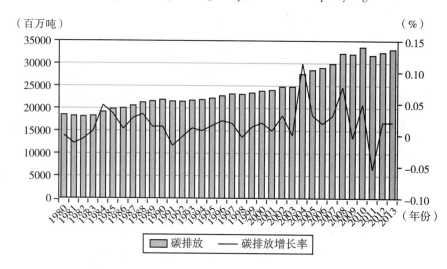

图 3 - 5　全球碳排放量变化（1980～2013 年）

资料来源：IPCC. Climate change 2013：the physical science basis ［M］. Cambridge：Cambridge University Press，2013.

景下，切实实现温室气体减排已经是一个重大课题，中国 1980～2013 年二氧化碳排放相对情况见图 3 - 6。

　　以资源换取经济增长的粗放发展模式在我国仍然相当普遍。和世界其他国家相比，我国的资源相对紧缺，根据世界能源统计评估（2013），我国的石油储量在世界总储量仅仅占据 1.1%，可采天然气储量仅占全球储量的 1.7%，其他的如水资源、铜矿、铁矿等储量占比都比较低，人均资源储量大大低于世界平

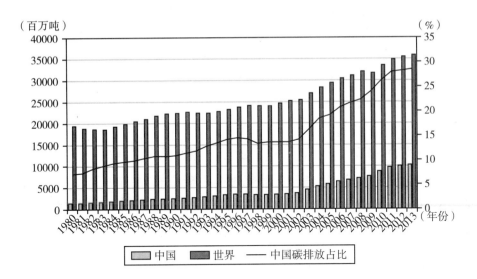

图 3 – 6　中国 1980 ～ 2013 年二氧化碳排放概况

资料来源：IPCC. Climate change 2013：the physical science basis［M］. Cambridge：Cambridge University Press：2013；中国二氧化碳排放数据根据《中国环境统计年鉴（2014）》整理。

均水平。① 目前，资源相对不足，环境容量有限已经成为我国国情的基本特征。② 在第七次全国环境保护大会上，李克强总理指出，我国正处于工业化中后期和城镇化加速发展的阶段，环境问题在我国呈现明显的结构型、压缩型、复合型特点，环境总体恶化的趋势尚未根本改变，一些地区污染排放严重超过环境容量，突发环境事件高发。环境保护仍是经济社会发展的薄弱环节。③ 据统计，我国有 16 个城市进入全球污染最严重城市排名前 20，我国 90% 以上的二氧化硫和 50% 的颗粒物排放都是大量使用煤炭资源的结果。空气中二氧化硫浓度过高导致酸雨发生面积不断扩大，几乎覆盖我国 25% 的国土，结果是农产品减产、建筑物受侵蚀、煤炭资源依赖的生态成本巨大。山西省为全国经济发展贡献的煤炭、电力等资源数量巨大，但其森林、土地、水等破坏严重。以煤炭为例，煤炭解决了我国总能源需求的近 2/3，2006 年我国的煤炭消耗总量超过 24 亿吨，比美国、英国、日本三国当年总的煤炭使用量还要高。对煤炭的重度依赖不断恶化着我国的环境质量。

　　多项国内外的研究表明，我国环境污染带来的年经济损失占到当年国内生产总值的 8% ～ 12%。易明（2007）研究认为，我国水污染的年环境成本为 358

① 　BP. Statistical Review of World Energy（2013）.
②③ 　李克强总理在第七次全国环境保护大会上的讲话［EB/OL］. http：//www. chinanews. com/gn/2012/01 – 04/ 3580887. shtml.

亿美元，空气污染的年环境成本为 275 亿美元，气候变化导致的灾难损失为 265 亿美元，酸雨 133 亿美元，土地沙化 60 亿美元和土地污染带来的农作物损失 25 亿美元。[①] 环境保护部环境规划研究院的研究指出，2010 年全国生态环境退化成本 15389.5 亿元，占当年国内生产总值的 3.5%；按照新的空气质量标准，PM2.5 年均值的二级标准为每立方米 35 微克，我国多数城市 PM2.5 超标，平均值达每立方米 58 微克，大气污染造成的经济损失占我国国内生产总值的3% ~ 7%；[②] 在水资源污染方面，快速工业化过程中产生的大量的工业废水以及农化资料的使用，使得我国水资源质量急剧下降。环境压力要求我们应厘清当前产业转移面对的资源环境约束，进而明确产业转移的基本环境目标。

二、环境载荷的测试

关于环境载荷的测度，有广义和狭义的区分。狭义的环境载荷的测度通常用环境人口容量表示，实际中，水、大气、土壤等都有可容忍的污染物的最大限量，这些限值指标可以直接进入环境载荷的测度中；广义的环境载荷的测度，常见的是多指标综合评价法和承载能力饱和度法。多指标综合评价法是目前有关环境载荷测度最常见的方法，其思路是，首先从气候、湿度、阳光、生态、资源、经济等影响环境的因素中挑选与拟测度目标地区关联最为紧密或者最为重要的，然后通过模糊评价法、矢量模法、主成分分析法等计算环境承载力指数，最终实现环境评价。

到目前为止，对环境压力的总量的度量还没有形成比较一致和规范的体系，使得产业发展对环境的影响不像其对社会经济总量的影响那样可以得到较明确的度量。但在实际中，通常也可以基于社会代谢物质流的核算方法和相关指标，尝试对环境载荷水平进行测算，用经济体系的物质吞吐总量作为指标，通过物质流动角度来测算环境载荷。王青（2006）认为环境问题的根源在于社会代谢[③]规模出了问题，并给出了物质流的计算指标体系及其基本关系（见表 3 - 9）。

[①] 易明：中国环境危机的代价 [EB/OL]. 腾讯评论，2007 - 09 - 20，https://view.news.qq.com/a/20111106/000007.htm.
[②] 厉无畏，王振. 转变经济增长方式研究 [M]. 上海：学林出版社，2006.
[③] 社会代谢指的是流入、流出和停留在社会经济系统中的物质和能量的总和。

表 3 – 9 一国物质流的计算指标体系及其基本关系

指标类别	指标名称	指标关系
流入类指标	国内原料开采（NC）	DLR = NC + I TMR = DLR + HL + IL
	进口（I）	
	国内隐藏流（HL）	
	进口对应的非直接流（IL）	
	直接物质流入（DLR）	
	物质总需求（TMR）	
流出类指标	出口（E）	TMP = NP + E
	国内产出排放（NP）	
	国内总排放（TMP）	

资料来源：王青，顾晓薇，郑友毅. 中国环境载荷与环境减压分析 [J]. 环境科学，2006，27（9）：1916 – 1920.

表 3 – 9 中，DLR 是用来度量一国经济发展过程中直接物质消耗带来的环境压力，TMR 用来度量一国直接物质消耗和隐性物质消耗所带来环境的压力，TMP 衡量的是一国经济发展中生产过程的直接总排放带给环境的压力，这些指标的度量单位通常是重量，即为环境载荷（EL）。

因此，给定考察对象和时间，一国或一个经济地区的环境载荷可以表达为：EL = DLR + TMR；这意味着，对于给定的经济体，在一定的环境载荷下创造出的 GDP 和环境载荷之间的对比关系即为该经济体的环境效率（EE），即单位环境载荷的产出能力，同理，可以将单位 GDP 的环境载荷称为产出的环境冲击度（EI）。为了测算给定时间该经济体的环境载荷变化，定义给定时间内一国环境载荷的变化为 $\triangle EL = EL_t - EL_0$。环境载荷计算指标及基本关系如表 3 – 10 所示。

表 3 – 10 环境载荷计算指标及基本关系

时间	指标			指标关系
	GDP	EL	EI	
0	GDP_0	EL_0	EI_0	$\triangle EL = EL_t - EL_0$
t	GDP_t	EL_t	EI_t	$= GDP_t \times EI_t - GDP_0 \times EI_0$

根据上述基本关系，王青（2006）测算出我国历年环境载荷水平并在此基础上加工了我国经济高速增长阶段中，环境载荷零增长的 GDP 和实际 GDP 的对比图，图 3 - 7 比较清晰地呈现了我国 GDP 变化过程中的环境所承受的压力。

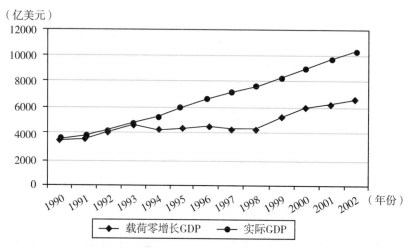

图 3 - 7　我国经济高速增长阶段中实际 GDP 的环境载荷度

资料来源：王青，顾晓薇，郑友毅. 中国环境载荷与环境减压分析［J］. 环境科学，2006，27（9）：1916 - 1920.

其他的一些类似研究，比如高彦春和刘昌明（1997）将模糊评价法应用到区域水资源承载能力的研究中。潘东旭和冯本超（2003）从消耗类、支撑类和区际交流类指标这三个方面确定了区域环境承载力的因子体系，应用主成分分析法来研究区域环境的承载能力。承载能力饱和度是区域环境承载量与区域环境载荷阈值的比值，前者是环境承载力研究指标体系中各个指标的实际值，后者是最佳值或者目标值。唐剑武和叶文虎（1998）就开始把上述方法应用到区域环境载荷的测度中。从已有的实证文献看，如：王青等（2006），王霞（2007）关于新疆土地承载力的研究，陈英姿（2010）关于东北地区资源承载力的研究，无论是基于狭义角度还是广义角度的环境载荷测度，无论是关于单因素环境承载力还是多因素环境承载力测度，得出的结论都比较一致，即我国过去经济的高速增长是以巨大的环境损害为代价，发展至今，自然生态已经非常脆弱，环境质量堪忧，急需采取各种治理手段。

第四章
碳金融发展和产业有序转移的契合

本章分别从环境要素（环境规制差异、企业市场内部化、产品周期）和企业环境寻求策略角度探讨了污染产业区际转移的基本逻辑，进而论证了碳金融发展和区际产业有序转移之间的契合性，以及碳金融发展对区域产业有序转移的积极作用。

第一节　环境要素与污染产业转移

2005 年，时任我国环境保护总局副局长的潘岳先生警示，环保脚步的迟滞可能会终结我国的经济奇迹。考虑到环境压力，2015 年 3 月 7 日，我国环境保护部部长明确表示中、西部产业转移要避免"污染上山下乡"[①]。产业转移过程中要实现地区产业发展和企业转型升级的双赢，实现经济发展与环境保护的平衡，谨防"拉郎配""毒鸟西飞""盲目造城"等倾向[②]。我国改革开放以来的巨大经济成就的背后是巨量的资源消耗和环境污染，其直接的原因是以往粗放的产业发展模式对资源的掠夺式开发利用且无视生态成本。在当前强调产业发展"调结构"的政策背景下，产业有序转移的实现，必须以有利于或者加强环境保护作为基本目标。

我们也应该看到，我国区际产业转移一定程度上促进了产业结构升级调整，有利于全国产业分工布局的平衡性。但由于我国东部经济社会发达但资源缺乏，中、西部地区经济社会发展欠发达但资源丰富，这种资源分布不均衡、地区产业基础和发展水平差距大、地方政府政策引导及其发展思路的不同，使得我国产业区际转移存在不同程度的忽视环境成本的现象，出现事实上的污染随带转移，使得中、西部一些地方重复着较发达地区先污染后治理的老路。一些欠发达地区力图抓住我国经济结构和产业结构调整的契机来发展本地工业，东部地区和中、西部地区环境保护门槛的差别，导致中、西部地区引进了一些被东部

[①] "污染上山下乡"即产业向中、西部转移带来的污染转移问题，详见 2015 年 3 月 7 日，环境保护部部长陈吉宁就"全面加强环境保护"的相关问题回答中外记者的提问。

[②] 国家产业转移网专家视点栏目［EB/OL］. http：//cyzy.miit.gov.cn.

地区淘汰的产业。这类不顾经济可持续发展而盲目引进的产业，破坏了原本已经脆弱的经济环境，也容易造成更大的环境污染。这些现象不仅影响了产业区际转移积极作用的发挥，更重要的是，若将生态成本纳入地区经济发展质量的考察中，这种对生态环境成本的忽视可能会在实质上拉大地区经济社会发展的差距。

"污染避难所假说"是有关污染产业转移最著名的理论假说。根据该理论，环境规制的改变推动了重污染企业向环境约束小的区域转移以规避来自政府的环境监管，公司的这种逐利行为利用了欠发达地区急于发展的意图而使其承担较发达地区消费所产生的污染，这在总体上不利于环境目标的实现，对我国碳减排目标的实现构成巨大阻碍。本节当中，我们对有关污染产业转移和环境要素影响的分析，主要从三个角度展开：一是基于自由贸易理论，将环境要素纳入产品生产比较优势形成过程中，来考察污染产业转移与环境寻求间的基本关系；二是基于不完全市场角度，将企业通过构建内部市场逐利的动机纳入污染产业转移的分析中，来考察环境要素中间产品特征与污染产业转移的关系；三是基于产品生命周期假说，将产品不同周期阶段的要素价格纳入企业发展战略选择过程中，来考察污染产业的转移与承接问题。

一、环境规制差异与环境要素产品生产的比较优势

在自由贸易理论中，考虑到不同经济区域之间环境规制差异，我们将赫克歇尔—俄林模型（H－O 模型）导入区际环境产品生产分析的过程中。于是，建立在赫克歇尔—俄林模型基础上的自由贸易理论将促使环境约束小或者环境规制压力弱的经济地域在环境密集型产品领域实现专业化生产。这尽管符合比较优势理论，但也容易使这些拥有环境禀赋和资源价格优势的欠发达地区趋近污染避难所。纳入环境要素是对 H－O 模型的积极延拓，也启发我们对自由贸易中环境影响问题的新考察。纳入环境要素以后，我们假设一个符合完全竞争条件的贸易市场、经济自然竞争均衡的条件，通过生产约束边界和消费者无差异曲线切点导出环境禀赋和资源价格差异的不同经济地域的环境规制最优状态及其环境密集型产业的产量，进而基于环境资源的比较优势导出不同经济地域的贸

易模式，结论是拥有环境禀赋和资源价格优势的地域倾向于生产并输出环境密集产品和进口环境要素稀缺产品。

这种分析角度得到的观点与经典 H－O 模型结论比较接近。但是，若深入考察，我们发现，从环境产品交易的角度出发，环境要素产品交易市场的顺畅运行必须要求一个明晰的产权界定。但是，由于环境要素在特定地域具有公共物品属性，这造成了产权界定的困难，使得环境要素报酬的确认并不能够按照一般生产要素的确认方式来完成。主要的原因是，环境要素的价格既与特定地域自然环境的污染净化能力有关，也与当地民众和政府当局的污染容忍度有关，这两者共同决定了一定地域的环境规制强度。考虑到环境信息的不对称，环境资产的价值往往会被低估，使得环境成本无法完全内部化，从而出现环境规制存在帕累托改进的可能，结果就是不同地域之间环境产品价值的比较优势结构产生变异。这意味着，在经济社会比较发达、人们对环境比较关注的地区，在社会舆论和政府发展导向的影响下，环境成本的内部化程度比较高，企业治理污染的成本压力使得在较发达地区环境密集型产品生产的比较优势丧失，而在欠发达地区，一方面是环境自我净化能力相对较强，另一方面地方政府面对区域经济发展的压力，使得环境规制程度较弱，从而具有了较低的环境偏好，这在事实上形成了环境密集型产品生产的比较优势。因此，欠发达地区存在客观上的环境成本的外生特征，结果就是环境密集型产品生产的减少和承接依赖环境禀赋产业的浓厚兴趣。

通过上述分析，我们发现，不同地区环境规制差异在客观上加深了区际生产专业化分工的程度，即欠发达地区倾向于扩大污染密集型产品生产，较发达地区倾向于扩大环境友好型产品生产。依托专业化生产和自由贸易，发达地区出现污染密集型产业向欠发达地区的迁移，这个过程的加剧，使得欠发达地区在事实上成为环境非友好型生产的避难地。尽管欠发达地区确实可能通过松弛的环境规制，在引入环境要素禀赋依赖型产业的过程中实现了本地区的跨越式发展，但基本的条件是，欠发达地区能够真正引进生产技术水平较高污染相对较低的产业，并对其技术进行消化升级，否则，欠发达地区可能陷入经济越发展环境越恶化的窘境。将环境因素导入 H－O 模型中以后，沿着这种思路，我们发现，环境产品价值并不能完全由市场竞争机制形成，政府的环境规制松弛程度是影响环境产品价值的重要方面，一旦环境成本不能完全内部化，相关产业发展过程中将出现政府失灵和市场失灵同时存在的状况，此时，考虑到环境要素的生产比较优势极有可能恶化全局的环境污染。

二、企业市场内部化与污染产业转移

巴克利和卡森（Buckley & Casson，1976）提出了企业为实现内部组织以降低成本而通过直接投资形式将产业外迁的观点。[①] 我国不同地区经济发展的不均衡和客观存在的不同程度区域市场保护，以及不同经济地区环境规制事实上的差异，导致了相关市场的不完全。在这种情况下，若企业将环境中间产品通过外部市场组织交易，企业利润最大化的目标很可能无法实现，此时，企业通过建立内部市场，可以凭借组织管理手段协调生产要素配置来规避不完全市场对生产效率的影响。一旦内部交易的边际成本小于边际收益，企业市场内部化将切实可行，结果就是企业以内部的管理协调机制取代外部市场协调机制，实质是市场控制权的扩张。其直接表现形式就是污染密集型企业的跨地区直接投资，进而维持既得市场势力。市场内部化的这种优势一定程度上克服了市场不完全带来的交易风险以及环境规制差异带来的市场扭曲。这种企业市场内部化过程中，有三个重要的决定性因素：一是与产品性质、外部市场结构、规模经济等相关的企业特质性因素；二是地理区位、社会文化心理、环境政策等地域特质因素；三是企业组织结构、企业在资源配置方面的管理协调能力等企业特质因素。其中，前两个因素尤其重要。如果环境要素产品生产具有多环节和多阶段生产特征，且环境要素产品的中间投入产品倘若依赖于地域特质差异明显的外部市场，那么，中间投入品市场的供求关系难以沟通协调，这就从客观上提出了以内部市场保证投入品市场稳定的要求。

这意味着，在生产要素市场和中间品市场满足完全竞争市场条件时，市场竞争性交易本身可以满足企业对利润最大化的追求，内部化生产是没有必要的；而且，在完全竞争的市场条件下，本地企业可以依托完善的市场交易条件，通过市场行为对其他地区企业在本地作用实现替代，从而地方政府也将没有引进

[①]　Buckley，Casson. The future of the multinational enterprise [M]. London：Macmillan. 1976.

或承接产业转移的动力。在市场不完全时，企业特质因素无法通过市场交易完全外部化，因此，一旦内部化的收益大于生产跨地区转移的相关生产成本，进而形成相较于转入地区本地企业的更大优势时，企业的跨地区生产转移将变得有利可图。根据这种逻辑，为避免不完全市场上的市场机制失效、维护既得市场和竞争优势，较发达地区的企业面对较高程度的环境规制而寻求高污染产业的转移是可能的。另外，随着经济社会发展，人们对环境密集型产品偏好强度提升，以先进的环保技术进行生产和产品供应将成为企业重要的竞争优势，为避免先进技术外泄和扩散，维护市场地位，较发达地区的污染企业在产业转移的过程中也更倾向于在欠发达地区通过直接投资实现内部化生产，污染企业在迁移的过程中对欠发达地区的直接投资动机被进一步强化。

值得说明的是，这种转移并非完全是消极的，因为企业通过权衡环境政策，在产业转移的过程中，先进的污染治理技术、生产工艺、生产设备、管理理念等也必然随同转移，这在客观上对污染产业承接地的环境保护能力、减排效率提升等带来积极的影响。沿着这个逻辑，我们会发现，污染产业的跨地域转移很可能并不会必然带来迁入地平均污染水平的上升或者全域范围的环境恶化。相反，更具积极意义的是，若欠发达地区所承接的污染型产业的环境技术、生产设备较之本地企业更先进、资源利用效率更高、废弃物排放程度更低，那么污染产业的跨地区直接投资式转移可能会带来当地环境的改善。

三、产品周期与污染产业转移

根据弗农（Vernon，1966）的产品周期理论，产品周期可以分为创新期、成长期、成熟期和衰退期四个阶段。[①] 创新期是产品最初的研究和开发时期，创新的动力源自减少高成本要素投入需求以提高产出效率，某种生产要素的成本越高，通过技术创新降低该生产要素需求的动力越强。产品的创新期主要在发达经济地域展开，这个阶段，生产工艺和生产技术尚未实现标准化，产品异质性最强，产品需求者的产品偏好强度较高，产品的需求弹性小，市场竞争尚不

---

① Vernon R. International investment and international trade in the product cycle [J]. The Quarterly Journal of Economics, 1966, 80 (2): 190 – 207.

激烈，市场上的竞争者也难以仿制产品，生产出的产品主要由发达经济地域流向欠发达经济地域。成长期是新开发的产品基本定型，初步实现批量生产，并在市场上逐步普及和推广。由于新产品逐步定型，生产中的不确定性因素降低，成本开始得到关注，规模化生产开始出现，相关产品的生产开始由发达经济地域向欠发达经济地域迁移，带动了相关产业向欠发达地域的转移，同时，生产要素和产品的市场交易结构开始发生变化。成熟期，通过规模化生产和市场实践，产品异质性设计与生产加工技术成熟，创新频率下降，经由知识外溢，同类产品出现，市场竞争加剧。消费者的产品偏好度降低，产品市场需求弹性上升，利润的下降迫使企业考虑寻求生产投入要素成本更低的生产地域，进入新的市场以获取更多的市场份额。衰退期是指产品逐渐步入淘汰阶段，社会心理、技术进步等因素使得人们的消费习惯改变，消费偏好改变，产品的市场销量和利润都不断下降，市场上开始出现性能更好、价格更优的新产品来满足变化了的消费偏好，企业若不能有效降低成本提升利润将会被迫退出市场。产品周期理论的逻辑在于，生产企业会斟酌产品差异化所处的阶段及其创新驱动的动力强弱，从而在不同的阶段投入不同的研发费用，这带来了产品生产比较优势的调整。这意味着，在产品生命周期阶段中，不同阶段的相对生产要素价格可以较合理地说明企业从一个经济地域外迁的战略。这个过程中，市场结构调整，技术和生产迁移同步变化，作为产业承接方的欠发达经济地域具有一定的被动特征。根据这个思路，产品周期阶段差异是欠发达地域承接污染密集型产业的重要原因。当较发达经济地域的主导产业调整为清洁环保、具有高技术等特征的产业时，原来的污染密集型产业已经逐渐步入衰退期，由于市场结构、生产所投入要素成本和产品价格变化，污染密集型产业在原来的地域展开生产已经没有发展空间，迫切需要向经济和产业梯度低的欠发达经济地区转移，这样既延长了产品周期，又利于获得欠发达经济地域的廉价自然资源，并随带实现污染转移。

在弗农（1966）观点的基础上，日本经济学者小岛清进一步指出[1]，以直接投资方式进行的产业转移应该从具有比较劣势的产业领域开始，从而揭示了产业生产比较优势的动态调整特征。其核心思想在于，较发达经济地区可以通过

---

[1]　小岛清. 对外贸易论 [M]. 天津：南开大学出版社，1987.

技术进步推动产业结构升级、市场竞争力提升的同时，将具有比较劣势的产业转移到欠发达地区，以实现总体经济竞争力的提升，其中包含了发达经济地区的产业转移和产业结构优化升级、欠发达地区通过承接产业转移以实现追赶效应。根据小岛清的观点，应当在发达经济地区和欠发达经济地区之间建立动态的产业结构调整和产业转移的机制，既能使经济梯层较低的地区获得发展经济所需的技术与资本，也能使经济梯层较高的地区实现经济结构调整升级。通过这种动态调整，经济发展程度不同的地区各自可以得到本地经济发展和经济结构升级所急需的资源，从而各自的经济福利都得到提升，进而达到帕累托改进的境况。可见，这种分析是基于产品周期理论，从产业结构动态调整优化的角度，拓展对污染密集型产业转移的认识。也就是说，随着经济社会的不断发展，发达经济地区的环境保护意识提升，环境产品偏好强调提升，环境规制程度加大，环境因素内生化成本逐渐提高，发达经济地区的污染密集型产业逐渐丧失原来的比较优势而转变为拥有比较劣势的产业，而欠发达地区则可以在承接污染产业的同时引进资本和技术以实现赶超效应，并伴随其发展将污染密集型产业进一步向更低发展梯层的经济地区转移。

由此，基于产品周期阶段，污染密集型产业向欠发达地区的转移是一种渐进式的自然过程和结果，也是不同经济发展梯层之间产业结构动态调整的结果，从其积极意义的一面来看，作为污染密集型产业承接地的欠发达经济地域，基于发展中急需的资本和技术，尤其是技术角度的考虑，应该采取更进取的态度面对污染密集型产业转移的现实。

第二节　环境寻求策略与污染密集型生产转移

为明晰污染产业转移中的环境寻求以及产业转移的微观机制，以下借鉴梅里兹（Melitz，2003）、佰纳德（Bernard，2003）、伊顿（Eaton，2006）的相关研究，将污染密集型中间产品纳入分析过程，在一般均衡的框架内研究环境规制强度对污染产业转移的影响。

假设（1）：市场上存在 N 个部门，每个部门内部具有异质性的、生产效率不同的企业生产差异化产品 i；要素投入和生产满足柯布—道格拉斯生产函数。

假设（2）：市场上存在数量众多但具有同质特征的消费者，消费者追求消费效应的最大化；典型性消费者的效用函数具有不变替代弹性性质。

假设（3）：环境规制提高了企业环境治理成本，使得企业最优产出和收益函数扭曲；环境治理成本被区分为固定减排成本 G 和产出增加导致的边际治污成本 Z，分别以企业生产投入的劳动力衡量；且 G 和 Z 只在部门间存在异质性；边际治污成本与企业的环境技术效率相关。

假设（4）：面对高强度的环境规制，污染密集型企业可以选择支付污染治理成本或者将企业迁往环境规制强度较低的地区。

一、污染密集型企业生产的一般均衡特征

根据假设（1），为简单起见，假定企业生产需要一单位的固定资本和 α 单位的可变劳动力成本，那么，具有效率差别的异质性企业的效率差异将通过 α 的倒数表现出来；

根据假设（2），典型消费者效用函数如下：

$$U = \prod_{n=1}^{N} C_n^{\theta_n},$$

$$C_n^{\theta_n} = \left(\int c_i^{1-\varphi} di \right)^{\frac{1}{1-\varphi}}, \theta \in (0,1), \varphi > 1 \tag{4.1}$$

其中：θ 代表消费者对部门 n（n = 1，2，…，N）产品的消费比例，c_i 代表了消费者对不同产品 i 的消费量，φ 是消费者产品偏好参数。

根据假设（3），污染密集型企业生产减排总成本为：

$$TC = w \cdot G_n + w \cdot Z_n \cdot X_{nj} \tag{4.2}$$

其中：X_{nj} 表示企业 j 的总产出。

对于生产效率较高的企业，产出增加的过程正是总的污染治理费用增加但单位治污成本降低的过程。于是，对于企业 j，考虑总的环境治理成本后，其总成本可以表示为：

$$TC_{nj} = \pi_j + w \cdot G_n + w \cdot Z_n \cdot X_{nj} + w\alpha_j X_{nj} \qquad (4.3)$$

其中：第一项代表企业生产的固定成本，第四项代表企业生产的变动成本，中间两项是企业支付的污染治理成本。

根据假定，企业的异质性仅仅通过生产效率表现，因此，为突出环境污染成本的影响，企业效率给定时，暂不考虑企业正常生产的成本。

令 F 代表消费者对所有消费的支付，p 为具有不变弹性特征的消费价格指数，i 是产品集合；在不同地区之间自由贸易的情况下，以 h_s 表示从 s 地区的消费品买入；若不同地区之间的市场开放程度为 ψ；当消费者追求消费效用最大化时，其对部门 n 中每个企业的产品消费量为：

$$c_{nj} = \frac{F \cdot \theta_n \cdot p_{nj}^{-\varphi}}{p_n^{1-\varphi}}$$

$$p_n = \left(\int p_{ni}^{1-\varphi} di + \sum_{s=1}^{s} \psi \int p_{nhs}^{1-\varphi} dh_s \right)^{\frac{1}{1-\varphi}} \qquad (4.4)$$

$$\psi = \tau^{1-\varphi}$$

式（4.4）中，不同地区之间的市场开放程度 ψ 通过冰山成本 τ（$\tau \geq 1$）表示；τ 取 1 时，ψ 为 1，表示不同经济地区之间实现完全的贸易自由化，市场开放程度最高；τ 取 ∞ 时，ψ 为 0，表示某经济地区与其他经济地区之间相互完全封闭；若区际贸易成本对每个 s 地区相同，则 s 地区代表性企业所生产产品的消费量为：

$$c_{nj}^s = \frac{F^s \cdot \theta_n \cdot (\tau p_{nj})^{-\varphi}}{(p_n^s)^{1-\varphi}}$$

$$p_n = \left(\psi \int p_{ni}^{1-\varphi} di + \sum_{s=1}^{s-1} \psi \int p_{nh_*}^{1-\varphi} dh_s + \int p_{nh_*}^{1-\varphi} dh_s \right)^{\frac{1}{1-\varphi}} \qquad (4.5)$$

式（4.5）中，方括号内的第一项表示 s 地区代表性企业产品其他地区消费，方括号中的第二项表示 s 地区企业对本地区以外的其他地区产品消费，第三项是本地生产本地消费水平；考虑到环境技术市场的结构特征，假设环境技术市场满足 D-S 垄断竞争条件，那么，生产效率为 $1/\alpha$ 的企业 j 在本地区生产并销售的价格 p_{nj} 和本地生产外地区销售的价格 p_{nj}^s 分别为：

$$p_{nj} = \frac{(\alpha_j + Z_n) \cdot w}{1 - 1/\varphi}, \ p_{nj}^s = \tau p_{nj} = \tau \frac{(\alpha_j + Z_n) \cdot w}{1 - 1/\varphi} \qquad (4.6)$$

由式（4.6）可以看出，效率高的企业所定价格较低，产品的需求量也较高。

由式（4.3）至式（4.7）可以得到本地区典型性企业的产出函数和利润函数。

产出函数为：

$$X_n(\alpha_j) = \left(Y_n + \sum_{s=1}^{s} \psi Y_n^s\right) \theta_n p_{nj}^{-\varphi} = \left(Y_n + \sum_{s=1}^{s} \psi Y_n^s\right) \theta_n \lambda^{-\varphi} \left[(\alpha_j + Z_n) w\right]^{-\varphi} \qquad (4.7)$$

利润函数为：

$$\begin{aligned} R_n(\alpha_j) &= c_{nj} p_{nj} + p_{nj}^s \left(\sum_{s=1}^{s} \psi c_{nj}^s\right) - TC \\ &= \left(Y_n + \sum_{s=1}^{s} \psi Y_n^s\right) \frac{\theta_n \lambda^{1-\varphi}}{\varphi} \left[(\alpha_j + Z_n) w\right]^{1-\varphi} - TC \end{aligned} \qquad (4.8)$$

$$Y_n = \frac{F}{p_n^{1-\varphi}}, \ Y_n^s = \frac{F^s}{(p_n^s)^{1-\varphi}}, \ \lambda = \frac{1}{1 - 1/\varphi}$$

从上述函数可以看出，环境规制松弛、污染治理的费用很低的情况下，企业容易实现盈利目标；环境规制程度的加强，环境治理成本上升，企业的利润被压缩，当利润降低到一定程度，可能会发生企业向环境规制松弛地区迁移的现象；同等条件下，生产效率高的企业利润也较高，本地区和其他地区对该企业产品消费需求也较大。

进一步考察企业的生产环节，若企业生产一单位产品所产生的污染度量为 μ，那么，企业 j 在产出水平 X_{nj} 下的污染度量为 μX_{nj}，为此，环境规制要求污染企业支付的总治污成本为：

$$\begin{aligned} TC &= w \cdot G_n + w \cdot Z_n \cdot \mu X_{nj} \\ &= w \cdot G_n + w \cdot Z_n \mu \left(Y_n + \sum_{s=1}^{s} \psi Y_n^s\right) \theta_n p_{nj}^{-\varphi} \\ &= w \cdot G_n + w \cdot Z_n \mu \left(Y_n + \sum_{s=1}^{s} \psi Y_n^s\right) \theta_n \lambda^{-\varphi} \left[(\alpha_j + Z_n) w\right]^{-\varphi} \end{aligned} \qquad (4.9)$$

高额的污染治理成本可能促使企业采用环境寻求策略，通过直接投资等形式实现污染产业（环节）生产从环境规制程度高的地区向环境规制程度低的地区迁徙，这意味着，不同经济地域的环境政策推动了环境产品生产比较优势结构变化。跨地区生产的企业通过将污染密集型生产（环节）转移到环境规制松弛地区以规避本地区高昂的污染治理成本，然后通过区际的贸易实现资源的有效配置，进而提升企业利润。

二、企业环境寻求策略的均衡特征

根据假设（4），为简单起见，我们继续假定污染密集型生产环节迁入地环境规制松弛，其边际污染排放治理成本为 z_n'，固定污染治理成本为 G_n'，且满足 $Z_n' < Z_n$，$G_n' < G_n$。企业将既定产量的污染产品生产转移到其他地区，这意味着本应在本地支付的污染治理成本为零，即 $G = 0$，$Z = 0$；相应地，产业转出后，本应在本地支付的劳动力成本也为 0；但这种污染生产的成本在区际贸易中得到体现：一是以冰山成本形式 τ 表现的区际贸易成本；二是在其他地区生产的较低劳动力费用，考虑到一般情况下，欠发达地区的劳动力成本较低，即 $w' < w$；三是跨地区生产所产生的内部管理协调成本 k_n。若将贸易成本以劳动力标准衡量，则环境寻求策略下的污染产业转移所支付的费用可以分为在迁入地生产的污染治理费用、管理成本 k_n 和贸易成本 $\tau_n w'$，这个过程满足[①]（$\alpha_j w + \tau_n w' + Z_n' w'$）< （$\alpha_j + Z_n$）$w$。由此，我们可以得到环境寻求策略下的企业利润函数和最优产出函数。

产业外迁后企业的利润函数为：

$$R_n^k(\alpha_j) = \left(Y_n + \sum_{s=1}^s \psi Y_n^s\right) \frac{\theta_n \lambda^{1-\varphi}}{\varphi} (\alpha_j w + \tau_n w' + Z_n' w')^{1-\varphi} - w k_n - TC'$$

(4.10)

产业外迁后企业的最优产出函数为：

[①] 以爱格（Egger, 2006）、阿米特和魏（Amiti & Wei, 2009）为代表的众多文献都证明了这个结论的现实性，其关键环节在于，尽管跨地区的管理成本较之本地生产治污的固定成本更高，但冰山成本明显小于劳动力成本，这种利益对管理成本的上升形成了有效对冲。

$$X_n^k(\alpha_j) = (Y_n + \sum_{s=1}^{s} \psi Y_n^s)\theta_n\lambda^{-\varphi}(\alpha_j w + \tau_n w' + Z'_n w')^{-\varphi} \quad (4.11)$$

从上述分析中可以发现，企业环境寻求策略的激发条件是，经济发达地区的企业规避本地环境规制的利益大于污染产业转移所支付的管理成本 k_n 和贸易成本 $\tau_n w'$ 的总和。在企业决策时，当 $R_n^k(\alpha_j) = R_n(\alpha_j)$ 被满足时，企业产出效率来到临界水平。由式（4.8）和式（4.10）可以得到环境寻求策略下，通过污染密集型产业生产转移所产生的净收益为：

$$R_n^*(\alpha) = R_n^k(\alpha) - R_n(\alpha)$$
$$= (Y_n + \sum_{s=1}^{s} \psi Y_n^s)\frac{\theta_n\lambda^{1-\varphi}}{\varphi}[(\alpha_j w + \tau_n w' + Z'_n w')^{1-\varphi} \quad (4.12)$$
$$- (\alpha_j w + Z_n w)^{1-\varphi}] - (wk_n + TC' - TC)$$

在式（4.12）中，对 $R_n^*(\alpha)$ 分别求解 α, G, Z 的导数，并考虑 $(\alpha_j w + \tau_n w' + Z'_n w') < (\alpha_j + Z_n)w$，有：

$$\frac{\partial R_n^*}{\partial \alpha_j} = (Y_n + \sum_{s=1}^{s} \psi Y_n^s)\frac{\theta_n\lambda^{1-\varphi}}{\varphi}(1-\varphi)w[(\alpha_j w +$$
$$\tau_n w' + Z'_n w')^{-\varphi} - (\alpha_j w + Z_n w)^{-\varphi}] < 0$$
$$\frac{\partial R_n^*}{\partial G_n} > 0, \frac{\partial R_n^*}{\partial Z_n} > 0 \quad (4.13)$$
$$\frac{\partial R_n^*}{\partial Z'_n} < 0, \frac{\partial R_n^*}{\partial G'_n} < 0$$

上述结果说明，环境规制强度较高的经济地区，污染密集型产品生产企业的边际环境治理成本和平均环境治理成本也较高，因此企业将污染密集型生产外迁的动力也越强；生产效率高（即 $1/\alpha$ 较大）的企业对环境规制强度更加敏感，从而，不同经济地区差异较大的环境政策极可能激发高效率的生产企业将污染密集型生产外迁，以追求环境政策差异化收益。环境成本差异决定了非环境友好产品生产转移的动力；当环境规制差异大于生产转移成本，就会出现污染密集型生产向环境规制松弛地区转移的现象，导致事实上的污染避难所现象出现。污染密集型生产迁入地的环境规制程度加强将形成对污染密集型生产承接的有力对冲，从而遏制当地环境恶化的趋势。

第三节 碳金融市场发展与产业有序转移

产业有序转移要求，在产业转移与承接中，将资源承载能力、生态环境容量作为承接产业转移的重要依据，加强资源节约和环境保护，推动经济发展与资源、环境相协调；产业承接必须符合区域生态功能定位，严禁国家明令淘汰的落后生产能力和高耗能、高排放等不符合国家产业政策的项目转入，避免低水平简单复制；全面落实环境影响评价制度，对承接项目的备案或核准严格执行有关能耗、物耗、水耗、环保、土地等标准，加强产业园区污染集中治理，建设污染物集中处理设施并保证其正常运行，实现工业废弃物循环利用；大力推行清洁生产，加大企业清洁生产审核力度；严格执行污染物排放总量控制制度，实现污染物稳定达标排放，完善节能减排指标、监测和考核体系。加强对生态系统的保护，着力改善生态环境。

根据式（4.13）的结论，既然环境规制差异促成了区际污染密集型生产比较优势调整进而促进了污染密集型生产外迁动机，而且高效率生产企业（即 $1/\alpha$ 较大）对环境规制差异更加敏感，那么，基于不同经济地区的发展梯层，在因地制宜的环境政策的基础上，在事实上就存在着通过适当的效率干预手段，来实现促成社会福利帕累托改进的双重目标：一是促进高效率企业的产业转移；二是对低效率企业通过生产转移逃避管制的动机形成遏制，直至促成其淘汰。这种效率干预手段内涵了环境价值判断，本质上属于一种价值引导的选择性工具。值得注意的是，对于高效率生产企业而言，$1/\alpha$ 较大意味着 α 较小，反映了企业资本密度较大，从而有：$\dfrac{\partial R_n^{*}}{\partial(1/\alpha_j)} > 0$。这一方面说明，资本密集企业对环境规制强度更加敏感，不同经济区域出现环境政策差异时，资本密集企业更倾向于实施环境寻求策略来获取环境政策收益级差；另一方面说明，对资本密集型企业提供的特定金融服务通过影响其产出函数进而导致企业行为的改变。

　　碳金融恰好提供了类似的干预机制。根据《京都议定书》，承担减排义务的发达经济体可以选在任何成本更低的地方实施减排活动，并获得减排信用以完成减排任务；承担法定限制温室气体排放的经济体对其超标排放要进行经济补偿，这为排放权交易提供了可能；超额完成排放标准的经济体在利益驱动下存在着出售额外排放权的动机，由此，温室气体减排量（权）交易推动了一个特殊金融市场的形成。通过全区域配置减排项目来引导投资，为不同经济体提供有效的低碳经济发展契机与举措。因此，碳金融可以理解为与减少碳排放，实现特定环境规制有关的金融交易活动及其衍生的各种金融行为，其中涵盖了碳排放量（权）的交易及其衍生的各种投资（机）和发展低碳经济的产业导向下的投资项目投融资、担保、咨询等金融活动。这里，我们将碳金融市场为污染密集型生产提供的金融服务区分为碳减排和环境治理所提供的融资类服务、风险规避机制、碳减排份额交易服务和碳减排咨询等其他服务，并为生产所带来的污染在规定范围内的企业提供更低的碳金融服务费率，一旦企业生产带来的污染超标，将不得不接受更高的碳金融服务费率。

　　为了将碳金融服务内生化到环境规制中，在这里，我们将污染密集型生产所产生的环境污染区分为单位产出所带来的边际污染度和总产出所带来的总污染度，并分别施加环境规制，即建立和完善碳征信，规定边际污染达到一定的水平后，单位污染所需支付的费率提高，且固定减排成本提高，这两个部分增加的费用由政府强制实施。或者虽然单位产出的污染程度在规定的范围内，但总产出规模导致的总污染超标后，需要就超标部分购买碳减排份额，这主要通过碳交易市场实现。

　　（1）若污染密集型生产的边际污染程度在规定的范围内，且总污染程度在规定的碳排放额度以内，那么其总成本函数、利润函数就符合式（4.7）至式（4.9）所描述的状态。假设政府鼓励该类企业生产，那么这些企业通过碳金融市场将碳减排和环境治理行动付诸实施时，将能得到更多的费率优惠且内生化到企业生产中。这意味着，企业的实际生产成本下降。由于该类企业扩张生产的过程中，通过碳金融市场进行的融资和咨询等其他碳金融服务得到更优惠的费率，从而在产出一定时，实际的资金成本下降，从而带来边际治污成本的下降，即实现 $\tilde{Z}_n < Z_n$，从而企业支付的总治污成本函数为：

$$TC = w \cdot G_n + w \cdot \tilde{Z}_n \cdot X_{nj}$$

$$= w \cdot G_n + w \cdot \tilde{Z}_n (Y_n + \sum_{s=1}^{s} \psi Y_n^s) \theta_n p_{nj}^{-\varphi} \qquad (4.14)$$

$$= w \cdot G_n + w \cdot \tilde{Z}_n (Y_n + \sum_{s=1}^{s} \psi Y_n^s) \theta_n \lambda^{-\varphi} [(\alpha_j + \tilde{Z}_n) w]^{-\varphi}$$

结合式（4.14）可以知道，由于 $\dfrac{\partial R_n^*}{\partial \tilde{Z}_n} > 0$，该类企业所在地的环境规制强度的增加，将激发该类企业向环境规制松弛地区的产业转移；另外，由于通过碳金融市场进行碳减排融资的成本低，有利于企业资本使用规模的扩张，这将会降低 α，即 $(1/\alpha)$ 提高，意味着资本密集度提高，使得该类企业对区际环境规制级差更加敏感，考虑到 $\dfrac{\partial R_n^*}{\partial (1/\alpha_j)} > 0$，从而环境规制变化时，产业外迁的动力更强，这些恰好满足了污染密集型生产有序转移的要求。这类企业的生产转移能够为承接地带来更多的资本、更有效率的环境治理技术，迁出地的环境状况得到改善，通过产业转移企业利润也得到提升，促成社会福利的帕累托改进。

（2）若污染密集型生产的单位产出的污染程度在规定的范围内，仅仅是因为产出规模扩张使得碳排放污染总规模超标，此时，企业可以在碳金融市场上购买碳减排份额，假定一定时期内的单位碳减排份额的价格为 p_n'，此时，污染密集型企业的成本函数中将增加一部分额外的成本 AC，它是所购买碳排份额 η 的增函数，考虑到产出的边际污染达标，这意味着 η 可以看成是生产规模的增函数。

此时企业支付的治污总成本函数变为：

$$TC = w \cdot G_n + w \cdot \tilde{Z}_n \cdot X_{nj} + AC = w \cdot G_n + w \cdot \tilde{Z}_n \cdot X_{nj} + p_n'\eta \qquad (4.15)$$

污染密集型产业生产的净收益为：

$$R_n(\alpha_j) = c_{nj}p_{nj} + p_{nj}^s (\sum_{s}^{s} \psi c_{nj}^s) - wG_n - p_n'\eta$$

$$= (Y_n + \sum_{s=1}^{s} \psi Y_n^s) \frac{\theta_n \lambda^{1-\varphi}}{\varphi} [(\alpha_j + \tilde{Z}_n) w]^{1-\varphi} - wG_n - p_n'\eta \qquad (4.16)$$

$\dfrac{\partial R_n}{\partial p'_n} < 0$ 说明，若所有企业的碳减排压力普遍很大，碳减排份额的价格就会上升，这直接降低了污染型生产转移的利润空间，构成缩减污染密集型产品产出规模的压力。这是碳金融市场上的竞争机制所实现的清洁生产动力。

由式（4.9）和式（4.11）可以得到环境寻求策略下，通过污染密集型产业生产转移所产生的净收益为：

$$R_n^*(\alpha) = R_n^k(\alpha) - R_n(\alpha)$$

$$= \left(Y_n + \sum_{s=1}^{s} \psi Y_n^s \right) \frac{\theta_n \lambda^{1-\varphi}}{\varphi} \big[(\alpha_j w + \tau_n w')^{1-\varphi} - \qquad (4.17)$$

$$(\alpha_j w + Z_n w)^{1-\varphi} \big] - (wk_n - wG_n) - (p'_n \eta - p_n \eta)$$

这种情况下，由于产出的边际污染在额定范围内，企业仍然可以获得碳金融市场上的优惠费率，即实现 Z'_n 和更低的 α。若经济区际的环境规制程度相同，企业在何处生产将是无差别的；由于碳排放份额的交易与污染企业生产所属地域无关，只要企业污染型产出的边际收益大于碳排放份额的交易价格，企业就有动机参与到碳减排份额的交易中。只要区际环境规制程度存在差异，碳减排份额的交易价格稳定且碳金融市场上碳减排份额供给充足，该类企业的污染密集型生产的转移状态依然满足（1）的情形。

（3）若污染密集型生产企业的产出边际污染程度超标，总的碳排放规模超标，那么该企业将不得不面对环境政策的巨大压力，且需要通过碳金融市场实现碳减排超标部分的碳减排份额购买。为简化分析，不妨定义：Z'_n 为增加后的污染生产的边际费率，G'_n 为提高后的固定减排成本，p'_{nj} 为碳交易市场上单位减排份额的价格。若政府出于对该类企业发展的限制，在碳金融交易市场上，无论是碳融资、碳排放风险规避机制的使用或者是与碳减排有关的咨询服务，该类企业都无法享受较优惠的费率，这意味着，若不考虑污染生产转移，该类企业持续经营的唯一路径将是自身革新清洁生产技术，否则，其理性的选择是不断压缩产出规模直到停产。

此时企业支付的治污总成本函数变为：

$$TC = w \cdot G'_n + w \cdot Z'_n \cdot X_{nj} + AC = w \cdot G'_n + w \cdot Z'_n \cdot X_{nj} + p'_n \eta \qquad (4.18)$$

污染密集型产业生产的净收益为：

$$R_n(\alpha_j) = c_{nj}p_{nj} + p_{nj}^s \left(\sum_{s=1}^s \psi c_{nj}^s \right) - wG_n' - p_n'\eta$$

$$= \left(Y_n + \sum_{s=1}^s \psi Y_n^s \right) \frac{\theta_n \lambda^{1-\varphi}}{\varphi} \left[(\alpha_j + Z_n')w \right]^{1-\varphi} - wG_n' - p_n'\eta \qquad (4.19)$$

由于$(\alpha_j w + \tau_n w') < (\alpha_j + Z_n)w < (\alpha_j + Z_n')w$，$G_n < G_n'$，该类企业具有很强的将污染密集型生产迁往环境规制较松弛地区的动力，这反映出产业转移的失序。由于该企业的实际效率状态较差，这种产业转移将会恶化污染密集型生产承接地的环境状况，不能实现总体的社会福利的帕累托改进。尤其是，当企业碳减排压力非常大时，将会容忍更高的p_{nj}'，加剧了资本要素紧张的局面，也间接推动了资金成本的上升，这直接压缩了企业利润。这是碳金融市场竞争机制对环境政策的配合。

进一步地，考虑到企业将污染产品生产转移到其他地区的动力在于本应在本地支付的污染治理成本为零，从而可以规避严苛的环境规制。从我国的实际情况看，由于区际经济发展存在梯层关系，欠发达地区不可能采取和发达地区相同的环境政策，区际的环境政策差异是客观事实。但污染密集型企业的减排压力普遍很大时，若不采取相应的措施而任由市场机制发挥作用，欠发达地区很可能出现污染密集型产业不断积聚的现象。为遏制这种情况的发生，除了欠发达地区要制定合理的产业发展规划外，可以在承接污染产业时在碳金融市场上引入市场竞争机制，使得拟转出企业在转入目标地区相互竞争形成欠发达地区污染型生产的边际治污费率$\hat{Z}_n$和固定治污成本$\hat{G}_n$；满足$\hat{Z}_n < Z_n'$，$\hat{G}_n < G_n'$；此时，产业外迁后企业的利润函数为：

$$R_n^k(\alpha_j) = \left(Y_n + \sum_{s=1}^s \psi Y_n^s \right) \frac{\theta_n \lambda^{1-\varphi}}{\varphi} (\alpha_j w + \tau_n w' + \hat{Z}_n w')^{1-\varphi} - wk_n - w'\hat{G}_n$$

$$\frac{\partial R_n^k}{\partial \hat{Z}_n} < 0, \quad \frac{\partial R_n^k}{\partial \hat{G}_n} < 0 \qquad (4.20)$$

由于$\frac{\partial R_n^k}{\partial \hat{Z}_n} < 0$，$\frac{\partial R_n^k}{\partial \hat{G}_n} < 0$，说明一旦污染产业承接地区通过碳金融市场竞争机制形成一定的$\hat{Z}_n$和$\hat{G}_n$，清洁生产能力低，污染特别严重的企业的产业转移动力和实现转移能力都会下降；即使不考虑固定治污成本，一旦$(\alpha_j w + \tau_n w' + \hat{Z}_n w') \geqslant (\alpha_j + Z_n')w$，污染密集型企业外迁的动力也将会消失，结果是在原生产

地被市场淘汰，最终实现全社会环境福利的帕累托改进。这是碳金融市场竞争机制对环境政策和实现产业有序转移的另一种配合。

通过上述分析，从式（4.14）至式（4.20）中我们发现，碳金融市场竞争机制在客观上提供了促进产业有序转移的干预机制，碳金融市场发展与产业有序转移存在良好的契合。

第五章
碳规制级差与产业有序
转移的一般路径

本章论证了区际环境政策差异对污染密集型企业环境寻求的驱动，以及在这个过程中碳金融市场机制的重要作用。存在的问题是，如何依托差异性的环境政策来促进产业的有序转移和协调区际经济发展关系，特定环境规制下的碳排放转移的实际效率如何？本章将围绕这些重要的现实问题展开。

第一节　方向性环境生产前沿函数

区域环境政策的制定及其带来的区际政策差异，直接影响了污染密集型生产环境寻求策略选择，也是碳金融市场交易定价机制良好发挥作用的基础性制度背景。实际中，区际环境政策差异驱动了污染密集型企业的环境寻求，如果不能通过环境规制和碳金融市场机制对污染密集型企业的生产成本函数施加有效影响，区际产业转移的结果将是从一些地区迁出的污染密集型生产在另一些地区集聚，容易形成事实上的碳排污染避难所。

当前，在我国经济持续快速发展的背景下，单位产值的碳排放水平远超世界平均排放额度且没有明显的下降趋势，可以预见，在中长期范围内，受国际公约限制和我国追求可持续发展目标过程中的环境污染与治理的挑战，我国碳减排压力很大。由于我国区域辽阔、区际经济发展存在明显的不均衡，而且区际的环境资源禀赋、清洁生产技术水平、产业结构、经济发展梯层、社会心理等方面存在巨大的差别，使得区域环境规制和碳金融市场的一些微观机制形成不能采取整齐划一的形式，区域环境规制级差存在也是一种客观的要求，这种差异性的碳规制有利于全国范围内的碳减排目标实现和清洁生产技术升级，协调区域经济发展和环境治理之间的矛盾。遵循这种逻辑，必要的区域环境政策和碳金融市场的部分微观机制的区际差异，不可避免地造成碳排放的区际转移。目前存在的问题是，需要依托差异性的环境政策来判断产业的有序转移和协调区际经济发展关系，以及特定环境规制下的碳排放转移的实际效率。

一、方向性环境生产前沿函数导出

为方便分析，我们将企业产出的结果分为环境友好型产出和非环境友好型产出，前者是企业生产的期望产出，后者则属于企业生产的非期望产出。在特定企业的产出函数中，反映期望产出和非期望产出及其所投入要素结构关系的就是环境技术。[①] 环境技术反映了给定总生产要素投入的情况下，碳减排要求带来的排放治理导致的期望产出的减少。换句话说，给定生产技术，环境友好的期望产出和非环境友好的非期望产出之间具有生产依赖关系，二者之间的弱可处置关系使得非期望产出的存在是必然的。若环境规制缺失，企业会将碳排放治理成本推向社会，由公众承担，这是企业生产的外部不经济行为，也是典型的市场失灵现象。若政府通过环境政策向企业施加污染治理压力，企业的碳排放减少和污染治理的努力将使得产出减少。其中的关键问题是，政府要求的碳排放减少和污染治理如何影响企业产出，企业的碳减排和治污行为对产出边际有什么影响？这个重要问题的解决，需要剔除资源投入、技术等的联合影响，仔细考察污染排放对产出边际的净影响以恰当测度环境规制成本。

从产出效益的角度看，在特定的环境规制下，企业将会追求最大化期望产出和最小化非期望产出。学者在这个方面的研究所采用的方法主要是数据包络分析方法和距离函数分析方法。相关研究最早可以追溯至皮特曼（Pittman，1983）的文献，皮特曼（1983）将治污成本作为非期望产出价格的映像指标，建立起了对污染企业期望和非期望产出效率测度的基本框架。随后，钟（Chung，1997）、海露和维曼（Hailu & Veeman，2001）、赛福德和朱（Seiford & Zhu，2002）、华（Hua，2007）、费（Fare，2007）、胡鞍钢（2008）等都从不同角度展开了对非期望产出效率的测度以及施加环境政策后企业产出效率变化问题的分析。其中，考虑到期望产出和非期望产出之间的弱可处置关系，庄（Chuang，1997）改造了数据包络分析模型，提出了环境生产的距离函数；费瑞（Fare，2007）以电力生产企业为研究对象，对环境生产的距离函数下产出效率

[①] Fare R., Grosskopf S., Pasurka C. A. Environmental production functions and environmental directional distance functions [J]. Energy, 2007, 32 (7): 1055 – 1066.

水平进行了模拟研究；胡鞍钢（2008）依托方向性距离函数对我国省际产出效率进行了次序排名研究。但上述研究中，就环境规制对产出的边际影响程度这个重要问题都未及深入展开，而这恰是合理确定区域环境政策和碳金融市场微观机制的基础性问题。以下我们借助有非参数化特征的数据包络分析方法，建立方向环境生产前沿函数，以差异性环境规制强度影响的产出边际变化映射碳排放规制价格。记：

投入要素向量 $x = (x_1, x_2, \cdots, x_n)$，x 为企业生产所投入的 n 种要素，$x \in R_N^+$

期望产出向量 $y = (y_1, y_2, \cdots, y_m)$，y 为投入要素 X 所能形成的期望产出，$y \in R_M^+$

非期望产出向量 $b = (b_1, b_2, \cdots, b_h)$，b 是投入要素 X 后生产中的非期望产出，$b \in R_H^+$

由于生产过程中生产要素投入后，期望和非期望产出分别同时生产出来，所以，记：

生产技术为：$T = \{(x,y,b) : x \rightarrow (y,b)\}$

环境技术为：$P(x) = \{(y,b) : x \rightarrow (y,b)\}$

令特定环境技术下的产出集合是有界闭集且具有凸性特征。这意味着给定投入要素时的产出是有界的，当要素投入后有多种产出，那么就存在多种产出之间的权重配比问题，也就是说存在着企业生产行为的选择集合。那么，产出的环境技术集合将存在以下属性：

（1）若 $\forall \lambda \in [0, 1]$，则 $(y, b) \in P(x) \Rightarrow (\lambda y, \lambda b) \in P(x)$，其经济含义是，治污行动占用了正常生产的部分投入要素，这意味着，一旦我们接受费瑞等（2007）提出的期望产出和非期望产出之间具有弱可处置关系的观点，那么环境技术集合也将具有弱可处置性。

（2）若 $\forall y' \in (0, y)$，$(y, b) \in P(x) \Rightarrow (y', b) \in P(x)$，其经济含义是：若生产投入要素和产出组合中的污染排放强度给定，生产的环境技术效率将体现在期望产出水平差异上。

（3）若 $b = 0$，$(y, b) \in p(x) \Rightarrow y = 0$，其经济含义是只要企业开工生产，必然产生环境污染，企业生产所带来的污染是个强度问题而非有无的问题，若追求零污染只有不生产。

（4）若 $\forall x' \in (x, +)$，$(y,b) \in P(x) \Rightarrow P(x) \subseteq P(x')$，其经济含义是生产要素投入多的企业的产出一般也越多。

根据上述环境技术下的投入产出特征，在某个时刻 $t = 1, 2, \cdots, T, T \in R^+$，企业的生产决策表现为向量 $(x_{k,n}^t, y_{k,m}^t, b_{k,h}^t)$，其中 $k = 1, 2, \cdots, K$，$K \in R^+$ 体现了 t 时刻的企业生产决策单元，t 时刻企业特定的投入产出关系的重要性为 z，$z \in (0, 1)$，若环境技术的规模收益不变，借鉴费瑞（2007）的技术可以得到企业产出的数据包络分析模型：

$$P^T(x^t) = \begin{cases} \sum_k z_k y_{k,m}^t \geq y_{k,m}^t, m = 1, 2, \cdots, M, & M \in R^+ \\ \sum_k z_k b_{k,h}^t = b_{k,h}^t, h = 1, 2, \cdots, H, & H \in R^+ \\ \sum_k z_k x_{k,n}^t \leq x_{k,n}^t, n = 1, 2, \cdots, N, & N \in R^+ \\ z_K \geq 0, k = 1, 2, \cdots, K, & K \in R^+ \end{cases} \tag{5.1}$$

通常，在向量 $(x_{k,n}^t, y_{k,m}^t, b_{k,h}^t)$ 情况下，一定存在 $\sum_H b_h^k > 0$ 和 $\sum_K b_h^k > 0$，其经济含义是企业开工生产时至少有一个部门在产出非期望产品且至少有一种非期望产品被某部门生产出来。

二、环境技术效率改善的不同状态

考虑到企业生产时，面对环境规制，企业总是寻求最大化期望产品和最小化非期望产品的产出组合。此时，根据 $P(x) = \{(y,b): x \to (y, b)\}$，产出的环境技术效率改善表现为两种状态：

状态 A：若 $\bar{x}$，$\bar{b}$，即给定要素投入和污染程度，考察期望产出 y 的增加。

状态 B：若 $\bar{x}$，即给定要素投入，来考察期望产出增加和污染程度同时减少的程度。

相较于状态 A，状态 B 的要求更加严格，这也是企业生产所追求的方向，由此，借鉴费瑞（2007），我们设定产出方向向量 $\alpha = (\alpha_y, -\alpha_b)$，得到 t 时刻

企业生产的方向距离函数:[①]

$$D^T(x^t, y^t, b^t; \alpha_y, -\alpha_b) = \sup\{\beta : P(x^t) = (y^t + \beta\alpha_y, b^t - \beta\alpha_b) \in P(x)\} \quad (5.2)$$

式（5.2）说明投入要素给定且期望与非期望产出同时沿相反方向按 β 的幅度变化，β 衡量了期望产出增加和非期望产出减少的最大额度。由此得到方向性环境生产函数为：

$$F^t(x_k^t, y_k^t, b_k^t; y_k^t, -b_k^t) = [1 + D^T(x_k^t, y_k^t, b_k^t; y_k^t, -b_k^t)]y_k^t \quad (5.3)$$

在规模报酬不变时，若非期望产出满足弱可处置条件，最优化方向性环境生产函数为：

$$F_w^T = \max_{z,\beta}(y_k^t + \beta y_k^t)$$

$$\text{s.t.} \sum_k z_k y_{k,m}^t \geq (1+\beta)y_{k,m}^t, m = 1,2,\cdots,M, \quad M \in R^+$$

$$\sum_k z_k b_{k,h}^t = (1-\beta)b_{k,h}^t, h = 1,2,\cdots,H, \quad H \in R^+$$

$$\sum_k z_k x_{k,n}^t \leq x_{k,n}^t, n = 1,2,\cdots,N, \quad N \in R^+$$

$$z_K \geq 0, k = 1,2,\cdots,K, \quad K \in R^+ \quad (5.4)$$

在规模报酬不变时，若非期望产出满足强可处置条件，最优化方向性环境生产函数为：

$$F_s^T = \max_{z,\beta}(y_k^t + \beta y_k^t)$$

$$\text{s.t.} \sum_k z_k y_{k,m}^t \geq (1+\beta)y_{k,m}^t, m = 1,2,\cdots,M, \quad M \in R^+$$

$$\sum_k z_k b_{k,h}^t \geq (1-\beta)b_{k,h}^t, h = 1,2,\cdots,H, \quad H \in R^+$$

$$\sum_k z_k x_{k,n}^t \leq x_{k,n}^t, n = 1,2,\cdots,N, \quad N \in R^+$$

$$z_K \geq 0, k = 1,2,\cdots,K, \quad K \in R^+ \quad (5.5)$$

通常情况下，非期望产出强可处置下的期望产品产出会大于非期望产出弱可处置下的期望产品产出。定义：$R = F_s^T - F_w^T$，R 的大小可以反映环境规制对期望产出变化的影响。R > 0 说明环境规制下的企业治污行动占用了部分正常生产

---

① 依托射线法，方向距离函数可以有效解决多产出下的环境技术效率，再进行求和就可以标量计算前沿生产函数。

投入要素，导致期望产出下降；R 越大，环境规制强度提升对产出下降的影响越大。

第二节 环境规制级差状态区分

根据环境规制强弱程度的不同，我们可以区分出三种不同的环境规制状态：

状态1：这是一种极端环境规制状态，在特定经济区域内，地方政府并不关注环境保护问题，从而并没有特别的环境治理要求。

在这种状态下，环境规制缺失，污染密集型企业所产生出的污染物排放是完全可处置性的，给定考察的时刻 t，此时的方向向量状态满足 $\alpha = (\alpha_y, 0)$，企业生产的产出距离函数满足：

$$D_s^T(x^t, y^t, b^t; \alpha_y, 0) = \sup\{\beta : P(x^t) = (y^t + \beta\alpha_y, \infty) \in P^S(x^t)\} \qquad (5.6)$$

此时，企业生产的正常产出和污染物产出都是完全可处置的，企业的生产目标将聚焦于期望产出的最大化，而不会在环境治理上有任何投入，$R = F_s^T - F_w^T = 0$。

状态2：这是一种极强环境规制状态，在特定经济区域内，地方政府极度关切环境保护问题，从而对企业产出的污染问题施加高强度规制。

在这种状态下，环境规制强度很高，污染密集型生产所产出的污染物排放满足弱可处置性，这要求企业生产同时实现污染物排放程度的降低和正常产出的增长。t 时刻的方向向量状态为 $\alpha = (\alpha_y, -\alpha_b)$，企业生产的产出距离函数满足：

$$D_w^T(x^t, y^t, b^t; \alpha_y, -\alpha_b) = \sup\{\beta : P(x^t) = (y^t + \beta\alpha_y, b^t - \beta\alpha_b) \in P^w(x^t)\}$$

$$(5.7)$$

此时，企业面对严苛的环境治理要求，在展开生产的同时，环境治理投入的增加不但没有使得正常产出下降，正常产出反而出现上涨的情况，体现了企业产出效率的明显改善，有 $R_1 = (F_s^T - F_w^T) > 0$。

状态3：这是一种普通环境规制状态，在特定经济区域内，地方政府仅仅是一般性地关注环境保护问题，对企业污染物排放施加的环境规制比较松弛。

在这种状态下，环境规制比较松弛，污染密集型生产产生的污染物排放同样满足弱可处置性。从而使得企业在尽可能增加期望产出的同时仅仅将污染物排放维持在特定水平。t 时刻的方向向量状态为 $\alpha = (\alpha_y, 0)$，企业生产的产出距离函数满足：

$$D_w^T(x^t, y^t, b^t; \alpha_y, 0) = \sup\{\beta : P(x^t) = (y^t + \beta\alpha_y, \infty) \in P^w(x^t)\} \qquad (5.8)$$

此时，面对松弛的环境规制，企业在展开生产时，仅仅进行较低强度的污染治理投入，从而将污染排放程度维持在特定的水平，而将更多的生产要素置于增加正常产出的努力中，有：$R_2 = (F_s^T - F_w^T) > 0$。

由于方向性环境生产前沿函数满足的产出集合是有界闭集且具有凸性特征，在以非期望产出为横轴，期望产出为纵轴的二维平面上，环境规制级差的三种状态如图 5 - 1 所示。

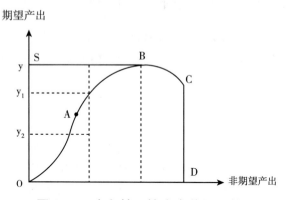

图 5 - 1　方向性环境生产前沿函数

图 5 - 1 中，在状态 1 下，由于区域政府没有对企业生产施加环境治理要求，企业无视环境污染而仅仅只从企业利润最大化的角度确定产出水平，因此生产状态沿着方向向量 $\alpha = (\alpha_y, 0)$ 实现 S 点对应的 y 的产出水平，方向性环境产出前沿函数的产出边界为 OSBCD，此时的环境规制机会成本 R = 0；在状态 2 下，由于政府对企业的污染物排放施加极强的环境规制要求，企业不得不为污染物排放付诸治理行动，在降低污染物排放的同时实现期望产出增长，因此生产状态沿着方向向量 $\alpha = (\alpha_y, -\alpha_b)$ 实现 y_2 的产出水平，方向性环境产出前沿函数

的产出边界为 OABCD，此时的环境规制机会成本 $R = y - y_2$；在状态 3 下，由于政府对企业的污染排放施加的环境规制要求较为松弛，企业仅仅将污染物排放维持在一定水平的同时并尽可能增加产出，因此生产状态沿着方向向量 $\alpha = (\alpha_y, 0)$ 实现 y_1 的产出水平，方向性环境产出前沿函数的产出边界为 OABCD，此时的环境规制机会成本 $R = y - y_1$。

从图 5 - 1 中可以看出，在污染物排放的早期阶段，即 OA 区域，污染物排放增加的同时期望产出规模以更快的速度增加，这说明，若在该阶段实施严格的环境规制将以产出的大幅度下降为代价。在污染物排放的中期阶段，即 AB 区域，污染物排放的增加速率超过了期望产出的增加速率，一方面说明在这个阶段实施强度较高的环境规制所承担的产出下降的代价是比较小的；另一方面也暗示了这个阶段中企业生产对产出规模的追求将导致更高的环境污染。在污染物排放的后期阶段，即 BC 区域，非期望产出的增加不仅没有带来期望产出的提高，反而使其下降，这意味着在企业生产的非期望产出处于极高水平的时候，环境极度恶化，此时若政府施加高强度的环境规制的结果就是淘汰落后产能，经由资源的重新配置，全社会的福利水平实现帕累托改进。根据上述逻辑，高强度的环境规制应该出现在 BC 区域，以淘汰落后产能，在这个阶段，为充分发挥政府环境规制的效能，应该在碳金融市场上采取碳排歧视政策来配合政府的环境规制。较为松弛的环境规制应该出现在 AB 区域，在 OA 区域的生产状态阶段，政府仅仅应该以建议、引导等手段来影响企业在生产中对环境问题的重视从而自觉采取污染治理行动，政府一般无须采取明显的直接规制措施。

第三节　碳排放强度的区域划分及其环境政策选择

一、碳排放强度的区域划分

根据上文的分析，我们知道，企业生产在环境寻求策略下的污染密集型生产的区际转移的重要驱动因素是区际环境政策差异所隐含的产业利润追寻。可见，基于环境政策差异所形成的环境规制级差是一个重要问题。而环境政策的制定离不开区域经济发展阶段和经济结构差异。

从总体上看，我国经济社会发展可以分为东部、中部和西部三大经济梯层。其中，东部地区是最早实行开放政策且经济发展水平较高的地区，包括北京、天津、河北、辽宁、上海、江苏、浙江、福建、山东、广东和海南 11 个省级行政区。这些地区自改革开放以来享受了较多的政策优惠，工商业、金融业较发达，但能源、矿产和土地资源紧张，人口密度相对较大。中部地区是经济欠发达地区，包括山西、吉林、黑龙江、安徽、江西、河南、湖北和湖南 8 个省级行政区。这些地区地处内陆，能源、矿产资源丰富，重工业基础好，人口密度相对低一些。西部地区是经济落后的地区，包括四川、重庆、贵州、云南、西藏、陕西、甘肃、宁夏、青海、新疆、广西和内蒙古 12 个省级行政区。这些地区土地面积辽阔，因开发历史较晚，经济发展和技术管理水平与东部和中部地区差距较大，商贸业不发达，但矿产资源丰富，导致很多地区依赖自然资源优势发展地区经济，人口密度低。从经济发展和环境保护的角度看，东部地区早期经济发展中环境污染严重，使得该地区的经济主体对环境保护的需求较高，而且支撑环保技术创新的经济基础好，人力资源丰富；中部地区受基础条件所限，环保意识和清洁生产技术较东部地区要低；西部地区发展落后，经济发展对区域环境污染的影响也较弱。

地方政府环境政策的制定受到区域经济发展水平的制约，存在明显的地域特质。东部地区处于工业化后期阶段，工业逐步让位于服务业，中、西部地区正处于工业化早期或者早期向中期过渡阶段，工业占比高，相较于东部地区，中、西部地区碳减排压力更大。随着经济结构调整和环境保护强度提升，东部地区污染密集型生产向中、西部地区转移步伐加速，而中、西部地区的一些地方政府出于发展地方经济、实现赶超战略的考虑，承接产业转移时对环境污染的容忍度较高，甚至不惜采取各种优惠政策不加鉴别地承接产业转移，使其碳减排压力巨大。另外，东部地区的经济发展水平较高，在碳减排方面的技术和管理投入较高，碳减排成效显著，而中、西部地区囿于人力资本和物质资本，在清洁生产技术和管理创新方面投入不足，碳排放强度较高。

考虑到我国各地、各区域经济发展水平、产业结构、资源禀赋的巨大差异，在制定环境政策、倡导碳减排目标时，必须考虑影响区域碳排的差异因素，从而制定适宜的环境政策，以及在碳金融市场上利用市场竞争，通过碳交易微观机制的合理制定形成有效的碳减排压力和碳排放补偿机制，以积极配合政府的环境政策。仅仅有这种粗略的经济区域划分是不够的，需要我们进一步明确我国区域碳排放和碳金融发展空间。为此，我们引入人均碳排放强度和碳排放份额指标，采用空间聚类分析方法来明晰区域产业发展的环境技术阶段。

1. 碳排放的因素分解方法。碳排放的因素分解中，日本学者卡亚（Kaya，1990）的方法被广泛应用。[①] 根据卡亚（1990）提出的恒等式，记：C 为一定区域的碳排放量，E 为区域发展的能源消耗，GDP 为产出，P 为区域人口总量；C/E 表示能源的碳排放强度，即单位能源的碳排放量，E/GDP 表示单位产出的能源消耗，即产出的能源强度，GDP/P 表示人均产出，则：

$$C = \frac{C}{E} \times \frac{E}{GDP} \times \frac{GDP}{P} \times P \tag{5.9}$$

根据约翰、德尔菲和考恩（Johan，Delphine & Koen，2002）的方法，在式（5.9）的基础上将碳排放做进一步分解如下：

$$C = \sum_i C_i = \sum_i \frac{E_i}{E} \times \frac{C_i}{E_i} \times \frac{E}{Y} \times \frac{Y}{P} \times P \tag{5.10}$$

其中：C 为一定区域的碳排放量，C_i 为第 i 种一次能源的碳排放量，E 为一次能源消耗量，E_i 为第 i 种能源的消耗量，Y 为产出水平。

$$\frac{C}{P} = \sum_i C_i = \sum_i \frac{E_i}{E} \times \frac{C_i}{E_i} \times \frac{E}{Y} \times \frac{Y}{P} \tag{5.11}$$

式（5.11）是人均碳排放量的 Kaya 分解，从式（5.10）中可以看出，人均碳排放量 C/P 与能源结构 E_i/E、各种一次能源的碳排放强度 C_i/E_i、产出的能源强度 E/Y 和人均产出 Y/P 有关。其中，C_i/E_i 可以视为常数，具体数字可以参照国家发展和改革委员会能源研究所和国家科学委员会气候变化项目组研究给出的数值；E/Y 与产业结构和产业发展阶段密切相关。在下面的聚类分析法应用中，我们选取人均碳排放量、能源结构、产业结构、产出的能源强度和人均

[①] 日本学者卡亚在 1990 年联合国政府间气候变化专门委员会的研讨会上提出，该方法将人类活动的碳排放与经济、政策、人口密度、产业结构等影响因素结合在一起。

产出指标进行分析。

2. 聚类分析方法的应用。这里，我们应用 K-means 聚类算法，该法是以均值作为类中心的聚类算法，步骤如下：

第一步，随机选取 K 个研究对象，把每个对象作为一个类中心，形成 K 个类。

第二步，根据距离中心最近原则，寻找与各研究对象最相似的类，并分配到该类中。

第三步，分配完成后重新计算类均值，形成新的类中心。

第四步，根据距离中心最近原则，重新进行对象分类。

第五步，重复进行第三步和第四步的工作，直到分配不再改变为止。

K-means 聚类算法的具体应用中，我们选取 2012 年我国各省市的上述五个指标值展开。[①] 相关指标数据来自《中国统计年鉴（2013）》《中国统计年鉴（2014）》《中国能源统计年鉴（2014）》，并进行了适度加工整理，通过正态标准化变换来消除数据的量纲影响，标准化后的数据如表 5-1 所示。

参照谭娟和宗刚（2014）的处理方法，能源结构用煤炭消费占能源消费的比例表示，产业结构用第二产业在国民经济中的比重表示，能源强度等于能源消费除以 GDP 得到，人均碳排放额度等于省际能源碳排放额度除以省人口总量得到；各省的人均碳排放额度除以全国人均碳排放额度得到各省碳排放份额。

表 5-1　　2012 年我国各省份碳排放指标的正态标准化数据

省市	人均收入	能源结构	产业结构	人均碳排放	能源强度
北京	2.318527513	-1.690243622	-3.299198866	-0.032845089	-1.264348665
天津	1.310783912	-0.775461641	0.343518978	1.378153678	-0.693742567
河北	-0.349079068	0.131692602	0.481978143	0.368854542	0.567043732
山西	-0.551506789	2.156329062	1.165967821	1.141471821	1.569558432
内蒙古	-0.152585012	2.216084082	0.783532789	2.675782781	0.801883891
辽宁	0.053155207	-0.511153523	0.663178654	1.097052486	0.134675521
吉林	-0.361728923	0.566451935	0.426123323	-0.132487322	-0.246563734

① 由于西藏数据缺失和 2013 年、2014 年各省份相关指标数据的不完整，我们采用了除西藏自治区外的各个省、直辖市 2012 年的数据。

续表

省市	人均收入	能源结构	产业结构	人均碳排放	能源强度
黑龙江	− 0.604123725	0.248754302	0.081923861	− 0.234134985	− 0.005214705
上海	2.876076589	− 1.157492732	− 1.038187612	0.847325889	− 0.887156904
江苏	1.058176981	− 0.002634358	0.206782992	− 0.013825116	− 0.962982114
浙江	1.887769203	− 0.432512332	0.194123785	− 0.156891339	− 0.987221378
安徽	− 0.042198758	0.987556633	0.568702176	− 1.147925641	− 0.546198786
福建	0.645982345	− 0.456434478	0.245465672	− 0.426873158	− 0.845986612
江西	− 0.463158511	0.041768889	0.613892156	− 1.289602189	− 0.887610195
山东	0.337668782	0.142679016	0.408612121	0.223112672	− 0.354435301
河南	− 0.432660675	0.614175398	0.946235908	− 0.695856031	− 0.256654861
湖北	− 0.356765132	− 0.103210012	0.042679512	− 0.416412012	− 0.289721675
湖南	− 0.356132212	− 0.478674208	− 0.341512201	− 0.701892367	− 0.338234657
广东	0.962897114	− 0.887925786	0.005112323	− 0.521983988	− 1.014676454
广西	− 0.509234059	− 0.450982217	− 0.155178081	− 1.108938657	− 0.554765387
海南	− 0.422723591	− 1.251121109	− 2.652397298	− 1.112675481	− 0.781892012
重庆	− 0.191897011	− 0.452378902	0.712914896	− 0.331210645	0.211167281
四川	− 0.512321356	− 1.071189921	0.347646428	− 0.703891887	− 0.067491271
贵州	− 0.921125735	0.877534798	− 1.398785183	− 0.591086897	1.485510065
云南	− 0.603832562	0.052998895	− 0.889208678	− 0.965782589	0.254872565
陕西	− 0.606778186	0.958896568	0.761101217	− 0.561089589	− 0.429782326
甘肃	− 1.132895285	− 0.059379127	− 0.284506897	− 0.656365119	0.776328514
青海	− 0.976713658	− 1.354689987	1.082178312	1.382692675	2.228872095
宁夏	− 0.693897662	2.145781293	0.071171238	2.178315642	2.628913181
新疆	− 0.884987764	− 0.029981689	− 0.107802456	0.654607807	1.268141328

采用的标准正态化操作技术为：

$$y_{ij} = \frac{y_{ij} - y_j}{\delta_j}$$

$$y_j = \frac{1}{n}\sum_i y_{ij} \tag{5.12}$$

$$\delta_j = \sqrt{\frac{1}{n}\sum_i (y_{ij} - y_j)^2}$$

进行聚类方法应用时，起始类为 4，聚类分析结果如表 5 - 2 所示。

表 5 - 2 各省份碳排放指标聚类分析结果

类别	最终聚类中心			
	聚类			
	A 类域	B 类域	C 类域	D 类域
人均收入	1. 54	- 0. 13	- 0. 33	- 0. 47
能源结构	- 1. 07	- 0. 53	0. 08	2. 20
能源强度	- 0. 21	0. 99	- 0. 54	1. 98
产业结构	- 1. 37	0. 51	0. 17	0. 66
人均碳排放	- 0. 95	0. 72	- 0. 23	1. 64
类内数目	5	5	17	3

注：运用 SPSS3. 0 进行数据加工。

根据聚类分析结果，可以将我国除西藏外的 30 个省份分为四大类域。A 类域包括北京、上海、浙江、广东和海南。其中，北京、上海、浙江地区是我国区域经济最发达的地区，改革开放以来，经过不断的产业结构调整，已经形成以第三产业为主的产业结构性态，而且人口密度大，使得人均碳排放较低。广东和海南地区的产业结构中，煤炭消耗量大的产业比重低，人均碳排放较低，技术和智力密集产业发展迅速。尤其是作为旅游和生态农业大省的海南，工业比重在全国最低，使得其人均碳排放量很低。

B 类域包括天津、河北、辽宁、青海和新疆。该区域产业结构中，第二产业普遍占比较高，能源消费量大，减排压力大，产业结构调整、技术升级和第三产业发展需求较高，应排斥污染密集型生产的承接。

C 类域包括吉林、黑龙江、江苏、安徽、福建、山东、江西、河南、湖北、湖南、广西、重庆、四川、贵州、云南、陕西、甘肃 17 个省份，该区域内的人均收入较低，承接的东部发达地区转出的产业比较多，产业结构中，第二产业的比重还会继续上升，碳排放量也会随之上升，中长期减排压力比较大，产业机构调整、技术升级和清洁生产技术发展比较迫切。

D 类域为山西、内蒙古和宁夏。这些地区是煤炭资源禀赋丰富省份，煤炭产业在产业结构中占比很高，使得这些省份的能源强度很高，这是我国碳减排压力最大的地区，清洁生产技术的发展尤为重要。

二、不同碳排放强度区域的环境规制成本

不同碳排放强度区域环境政策的制定，需要明晰环境规制成本。这可通过方向性环境生产前沿函数进行计算得到。参照戴迪尔（2013）的方法，加工计算我国环境规制级差状态 2 和状态 3 下各个省份的环境规制成本，如表 5 - 3 所示。

表 5 - 3　　　　　　我国各省份环境规制级差状态 2 和

状态 3 下的环境规制成本　　　　单位：元/吨

排名	环境规制级差状态 2		环境规制级差 3	
	省份	单位机会成本	省份	单位机会成本
1	上海	0	上海	0
2	云南	15.9	河北	16.3
3	北京	44.8	云南	16.4
4	江西	155.0	北京	16.7
5	福建	157.3	安徽	18.5
6	安徽	160.7	甘肃	18.7
7	河北	169.8	江苏	25.7
8	辽宁	170.8	贵州	44.3
9	海南	174.0	江西	45.2
10	天津	174.5	河南	54.8
11	湖北	185.0	浙江	55.8
12	宁夏	214.7	四川	66.4
13	黑龙江	216.4	辽宁	67.9
14	浙江	223.9	山东	69.6

续表

排名	环境规制级差状态2		环境规制级差3	
	省份	单位机会成本	省份	单位机会成本
15	吉林	232.6	广东	78.6
16	陕西	240.1	天津	85.4
17	江苏	240.2	湖北	88.7
18	广东	262.5	黑龙江	90.9
19	广西	271.8	海南	112.6
20	内蒙古	273.2	广西	121.7
21	甘肃	301.4	吉林	141.2
22	山西	320.7	福建	154.6
23	贵州	335.7	陕西	171.3
24	河南	346.4	新疆	246.6
25	湖南	379.0	青海	249.2
26	山东	379.8	湖南	250.2
27	四川	412.6	宁夏	320.9
28	新疆	645.1	内蒙古	320.9
29	青海	659.1	山西	399.6

资料来源：戴迪尔. 产业转移、环境规制与碳排放 [D]. 长沙：湖南大学, 2013.

根据表 5 – 3，能够加工我国碳排放强度四大类域的环境规制成本，为恰当的环境政策制定提供支持，计算结果如表 5 – 4 所示。

表 5 – 4 　　　　　　我国碳排放强度四大类域的环境规制成本 　　　　单位：元/吨

排序（升序）	环境规制级差状态2			环境规制级差状态3		
	类域	平均成本	单位成本	类域	平均成本	单位成本
1	A	141.04	705.2	A	52.74	263.7
2	C	251.88	4030.0	C	86.14	1378.2
3	D	269.53	808.6	B	133.08	665.4
4	B	363.86	1819.3	D	347.13	1041.4

通过表 5 – 4 的计算结果可以看出，碳排放强度的四大类域中，从环境规制的平均成本来看，A 类域地区和 C 类域地区在环境规制级差状态 2 和状态 3 下的排名都位居前两位，且数值较后两位明显要小，环境规制的敏感度较低，因此

在 A 类域地区和 C 类域地区适宜采取高强度的环境规制水平，环境政策中应提出更高的碳减排目标，且应该在碳金融市场的微观交易机制中采取明显的碳减排歧视政策以有效配合政府的环境规制。B 类域地区和 D 类域地区的情况略显复杂。其中，B 类域地区在环境规制级差状态 2 下的环境规制平均成本位居最后，但在状态 3 下的环境规制平均成本位居第三，说明 B 类域地区的企业对环境政策更加敏感，因此适宜采取较松弛的环境规制状态 3；D 类域地区在环境规制级差状态 2 下的环境规制平均成本位居第三，但在状态 3 下的环境规制平均成本位居最后，说明 D 类域地区的环境政策适宜介乎于状态 2 和状态 3 之间但要不断向状态 2 下的环境政策靠拢。具体的环境规制强度与产业发展导向概况如表 5－5 所示。

表 5－5　　　　　我国四大类域环境规制强度选择与产业发展导向

经济类域	环境规制强度	产业发展导向
A	强	实施严格的环境规制，碳金融市场的微观机制可以采取碳减排歧视性政策；承担强度更大的减排任务；鼓励和推动本类域各地区内的污染密集型生产迁出，排斥承接污染密集型生产，不断淘汰落后产能；不断调整产业结构，大力发展清洁生产技术
C	较强	实施较严格的环境规制，碳金融市场的微观交易机制采取适度的碳减排歧视政策；承担较大的减排任务；对类域内各地区的污染密集型生产进行区分，符合条件的鼓励外迁或者通过清洁生产技术创新实现产出效率提升；制定完善的本地产业政策导向并切实执行，承接污染密集型生产要符合本地区的产业政策导向，排斥无原则的承接；落后产能的淘汰要坚决；通过承接环境技术和管理较先进的产业，配合区域经济发展的赶超战略
D	较弱	实施较松弛的环境规制，区域碳金融市场微观交易机制条件宽松；承担低的减排任务；对发达区域的产业转移有选择的承接，鼓励和推动本类域内各地区的污染密集型产业进行清洁生产技术创新，不断降低资源依赖，努力实现产业结构转型升级，淘汰落后产能要坚决；通过承接环境技术和管理较先进的产业，配合区域经济发展的赶超战略
B	弱	实施松弛的环境规制，区域碳金融市场微观交易机制条件宽松；承担低的减排任务；排斥无原则承接污染密集型生产，鼓励和推动本类域内各地区的污染密集型产业进行清洁生产技术创新，不断降低资源依赖，努力实现产业结构转型升级，淘汰落后产能；在经济不断发展的同时保证环境不再继续恶化

注：根据不同级差下环境规制的平均成本，A 类域地区和 C 类域地区环境规制的成本和敏感度低，适宜采取高强度但程度不同的环境规制水平，适用更高但程度不同的碳减排目标；B 类域地区和 D 类域地区的企业对环境政策更加敏感，环境规制成本高，适宜采取较松弛但程度不同的环境规制水平，适用较低但程度不同的碳减排目标。

三、区际环境规制强度与产业政策选择

以上的结果和我们通常所做的东部、中部和西部这种三大经济区域划分所得出的产业政策和发展战略有交集也有不同。关键的不同在于，三大经济区域的划分，未能把碳排放强度非常高、严重依赖煤炭资源的地区提取出来，而且，也未能结合产业结构状态将东部较发达的省份进行碳排放情况的区分。因此，仅仅根据地理空间所做的较笼统的经济区域划分不能非常有针对性的给出类域产业发展和环境规制程度的意见和建议，而上述四大类域地区的划分恰当地解决了这个问题。

第四节　碳规制级差下促进产业有序
转移的一般路径

根据碳排放强度的不同，将我国所有行政区划划分为不同的大区域。根据不同区域的产业结构特点、资源禀赋以及所处的经济梯层，根据方向性环境生产前沿函数，分别加工各个大区在强环境规制和弱环境规制下的环境规制成本，[①] 然后排序，据此确定不同区域适宜的环境政策和产业发展政策，从而形成适宜的环境规制级差。区域间的环境规制级差在碳金融市场机制的配合下，将促使企业调整环境寻求政策，进而导致企业行为向符合产业有序转移的方向调整。实际中，受环境规制级差、区域碳金融市场发展、经济梯层、产业政策、不同区际的产业集聚效应的影响，将出现期望产出和非期望产出转移的不同途径。这个路径基本上可以解释和反映前面章节中，关于我国不同产业跨区域转移的基本现状。环境规制级差下促进产业有序转移的一般路径如图 5 - 2 所示。

---

① 由于环境规制级差中的状态 1 是无环境规制的状态，即政府丝毫不考虑产业发展中的环境问题，这并不符合实际情况，因此，这里暂未考虑和计算不同大区域在环境规制状态 1 下的环境规制成本。

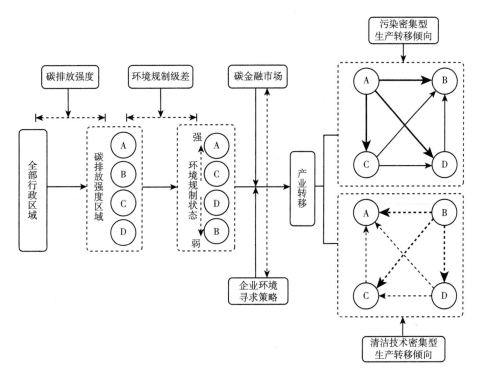

图 5 – 2　环境规制级差下促进产业有序转移的一般路径

在图 5 – 2 中，实线和虚线的粗细表示受区域环境规制、碳金融市场区域制度差别的共同影响下，企业环境寻求策略导致的转移倾向强度。由于环境规制强度更高的地域已经逐步形成清洁技术密集型生产的集聚和优良的产业业态，若环境规制较松弛地区的政府不采取更高程度的清洁技术密集型生产的优惠政策和更高质量的产业服务，这类企业的外迁将是企业的理性选择。由于环境规制松弛的地域已经逐步形成污染密集型生产的集聚和较恶劣的产业环境业态，若当地政府不能因地制宜地制定合理的产业发展政策并切实执行，该区域可能沦为事实上的污染避难所，经济发展可能以更严峻的环境恶化为代价。

第六章
碳金融交易机制与
碳污染转移规避

本章首先厘清了碳污染转移的影响因素与环境效应，考察了碳减排的基本依据与实现原则，进而探讨碳金融交易机制设计问题，最后提出以碳金融交易规避碳污染转移的一般路径。

第一节　碳污染转移的影响因素与环境效应

碳规制级差的合理设定是产业有序转移目标实现的重要基础性条件。尽管在区际产业转移过程中，碳排放随同转移以及如何恰当利用碳金融市场交易机制实现碳排放随同转移规避，是关系到我国区域产业有序转移目标实现的一个重要问题，但截至目前，我们尚未从碳金融市场微观机制的角度，剖析其对碳排放转移规避的作用和机制。本章当中，碳污染转移规避的指向并非完全局限于采用各种手段，在产业转移与承接中完全避免了碳污染的转移，这既不现实也不可能。因此，本章所涉及的碳污染转移规避更多强调的是在承接产业转移时，采用各种手段，使承接地的环境状况得到改善，至少不继续恶化，从而从经济社会发展全局的角度，实现社会福利的增进。借鉴包晴（2009）的界定，我们可以将污染产业转移定义为经济社会发达地域通过各种方式将对环境危害较大、污染物排放高的生产项目转移到其他地区，表现出碳污染在地理空间上的转移现象。[①] 通常碳污染转移表现为从发达经济区域向欠发达经济区域、经济发展高梯层区域向低梯层区域的转移。从总体上看，碳污染转移的过程往往具有合法和隐蔽的特征。前者主要因为欠发达地区环境规制和环保意识薄弱，为促成经济发展不惜以环境污染为代价引进资本，从而赋予碳污染转移以合法的"外衣"；后者主要是因为碳污染转移的承接地区过分关注引进生产所带来的资本和技术因素，而有意无意地忽视环境保护问题。

---

① 包晴. 中国经济发展中地区之间污染转移现象的表现形式及其原因分析 [J]. 北方民族大学学报，2009（3）：72 – 76.

一、碳污染转移规避的影响因素

造成碳污染空间转移这一结果的原因,除了企业逐利所采取的环境寻求策略外,更重要的是碳污染转移承接地实际因素,这主要表现为以下四个方面。

第一,区域环境标准级差影响。在总体的经济发展格局中,伴随经济社会发展,发达经济地区政府和民众环保意识不断增强,导致其制定日益严格的环境保护标准。发达地区的企业,为规避和缓解原生产区域高强度环境规制的压力,同时实现利润的最大化,通常会采取环境寻求策略,利用区际环境规制级差,借助市场化行为实现高碳排放生产在区际间的转移。与此同时,经济发展梯层较低的地区,出于快速发展经济,调整产业结构,实施快速发展和赶超战略的目标,在引进项目或者投资时,有意无意地忽视项目或投资所带来的环境消极影响,实施较宽松的环境政策甚至以优惠的政策手段不加鉴别和选择地承接转移。这种环境规制级差为发达地区的碳污染向欠发达地区的转移提供了现实可能。

第二,环境成本内部化方面的差异。环境成本指的是企业在生产过程中对污染物排放造成的环境危害进行治理所发生的支付。实际当中,实现环境成本的内部化是规避碳污染区际转移的有效手段之一。但经济发展不同梯层地区的环境成本内部化存在很大的不同。经济发展高梯层地区环境规制强度一般较高,当地生产所带来的碳排放污染治理所需的支付也高。如果能有效地实现环境治理成本的内部化,必然导致企业生产成本增加,此时,会出现两种不同的状态:一是若该高碳排放生产企业的产出在市场上具有垄断地位,其市场定价能力强,产品的售价就会提升,在需求弹性较小时,该企业事实上可以利用市场机制将碳污染治理成本向外部转移,为遏制这种状况的发生,政府必须在环境规制上付出更多的努力,采取一些定向政策手段进行直接干预;二是若该高碳排放生产企业的产出市场的竞争程度较高,其市场定价能力较弱,不得不接受一个竞争性的市场价格,此时,内部化了的环境成本将直接导致产品成本上升,利润空间压缩,尤其是相关企业碳排放强度较低时,该企业最终将被市场淘汰,在这种状态下,为避免被淘汰的命运,该企业会实施环境寻求策略实现生产的区际转移，碳排放污染将随带转移到承接地。

第三，产业转移承接地政府环境监管松弛。这里的政府环境监管松弛，强调的是出于经济社会发展的大环境压力，或者中央政府就碳排放污染治理的某些方面做出了统一的、较为严格的要求，或者中央政府就碳排放污染治理的某些方面给出了较高但非强制性的环境标准以方便区域政府参照执行时，产业转移承接地的政府也就本地区企业生产制定了较高的环境保护标准，但在实际实施的过程中，因各种各样的原因而贯彻落实不到位，更有甚者，一些地方政府的监管人员利用监管制度寻租，使得碳排放污染的区际转移存在事实上的空间。

第四，碳金融市场发展滞后的影响。根据上面的论述，一旦在客观上存在区际经济发展梯层差异，区际环境规制级差的存在也成为一种客观存在的事实，这促成了企业采取环境寻求策略，通过市场行为完成污染密集型生产的区际转移。这个过程中，碳排放污染的随带转移也是客观事实。我们所强调的碳污染转移规避，并非完全局限于采用各种手段，在产业转移与承接中完全避免碳污染转移，这既不符合现实也不可能。因此，这里所涉及的碳污染转移规避更多强调的是在承接产业转移时，采用各种手段，使承接地的环境状况得到改善，至少不继续恶化，进而从经济社会发展全局的角度，实现社会福利的增进。对于这个目标，碳金融市场提供了重要的实现机制。

当前的工业经济处于碳锁定的状态，尤其是锁定在碳密集的化石燃料能源系统中，这是由技术和制度共同演进形成的发展路径依赖。在这个路径中，技术、制度相互密切联系，一旦稳定的技术制度系统形成，就会产生客观的系统稳定需求并自觉抵制变化的发生。碳污染转移规避的最大"瓶颈"是清洁生产技术集成和创新需要大量的资金支持，以及现行碳排放控制机制和体制问题。单独依靠企业自觉发展清洁生产技术、政府政策和金融机构的简单资金支持已经严重制约了清洁技术产业的发展。金融系统作为优化资源配置的重要方式和手段，应该在碳污染转移规避中发挥积极作用。目前，碳金融市场发展的滞后主要表现为以下三个方面。

首先表现为碳排放控制机制的问题。由于碳减排和环境保护具有公共物品的属性，存在外部性效应。碳排放的负外部性使得必须有政府的强制性环境规制介入，但当前的政策推进中因私人利益与公共利益博弈、相关信息的不对称，碳减排管制政策的实施效果受到很大影响。根据科斯定理，碳排放权交易市场机制的引入可以有效地实现碳减排的外部性内部化，来激励主动减排的实质性行动。但我国的碳排放权交易市场尚未建立起来。

其次是清洁生产技术创新机制和风险规避机制存在问题。现实的碳锁定阻碍着发展清洁生产所需的技术研发和推广，政府、金融机构和工业生产依然在维护当前的技术系统。清洁生产技术创新面临的技术风险、市场风险等缺乏市场化的风险规避机制。清洁技术创新通常伴随着巨大费用的支付，现实的金融市场理念和机制缺乏有效的融资机制。

最后是清洁技术创新发展的投融资机制存在问题。碳减排所需的清洁技术研发和推广所需的资金缺口巨大，单靠政府的财政补贴和政府基金的局面严重限制了清洁生产技术的发展规模和发展速度，我们尚缺乏一个健康有效的碳金融资本市场及其所提供的完善的碳减排投融资机制。

二、碳污染转移的环境效应

欠发达地区承接污染产业转移实际上产生了积极和消极两种环境效应。

1. 欠发达地区承接污染产业转移的积极环境效应。从有利于欠发达地区环境质量改善的角度看，欠发达地区承接污染产业转移，在加速欠发达地区经济发展、加快工业化进程、缩小与发达地区经济差距的同时，通过引进的资本和技术所产生的外溢效应，有助于当地企业清洁生产技术、设备水平提升，若欠发达地区政府能施加以有效的环境引导和环境监管，在中长期范围内，将有助于欠发达地区在清洁生产技术产业链上向高端的攀升。另外，通过产业承接，欠发达地区的经济实力增强，既在产业结构调整、技术升级等方面有了更大的回旋余地，对于区域碳排放污染治理，也有了增加更多投入的可能。从全社会环境质量改善的角度看，欠发达地区承接污染产业转移时，通过引进企业的技术外溢，只要使得当地的环境状况有所改善，至少不会恶化，那么，从社会全局的角度看，很可能使社会福利增进。

2. 欠发达地区承接污染产业转移的消极环境效应。相较于积极环境效应，欠发达地区承接污染产业转移的消极环境效应更加明显。污染产业转移对区域环境质量影响的消极方面，主要表现为：随着污染排放总量的提高，环境治理难度提高，环境治理的成本也会提高；污染密集产业在欠发达地区的集聚，大大提高了自然资源的消耗量，甚至一些稀缺自然资源的枯竭，区域经济长期可持续发展受到巨大影响；污染密集型生产所产出的非期望产品如危险品、废弃物等直接危害公众健康，构成了对公共安全的巨大威胁；若欠发达地区环境监管不力，尽管其通过承接产业转移获得了部分经济利益，但相较于处于产业链高端的产业迁出地的收益，承接地的收益其实很有限，这会在客观上拉大区际发展差距。另外，由于产业承接地所承接的多是处于价值链低端的工序，其要想通过承接转移获得更高的收益，就必须实现产业链升级，但产业迁出地区为保护既得利益，也会设法阻止承接地的产业链升级，如果因此在承接地出现产业低端价值锁定，那么承接地的资源禀赋的比较优势会得到进一步强化，从而进一步激发更多污染产业迁入，导致事实上的污染避难所效应出现，中长期环境治理任务异常严峻。

第二节 碳金融交易市场机制

拉巴特和怀特（2007）最早提出，碳金融是金融机构主导的，纳入碳排放因素的、为转移气候风险的市场化金融产品。但直到现在，碳金融尚未形成统一的定义。莫大喜（2013）从较广义的角度，将碳金融定义为以碳排放权交易为核心的、低碳项目开发的投融资活动、与碳排放权相关的衍生品交易与投资活动和其他涉碳金融中介活动。碳金融作为环境金融的分支，连接了金融资本与基于低碳技术的实体经济，其一方面直接或间接地投资于涉碳项目，另一方面也由这些项目开发新的金融工具并投入市场交易，其目的在于减缓碳排放和促进经济社会可持续发展，是应对环境恶化问题所采取的金融行动。

一、经济学基础理论在碳交易市场形成中的应用

根据上述定义，作为碳金融核心的碳排放权交易市场的形成有其经济学理论基础。这些理论主要是产权理论、碳排放权交易理论、期权交易理论等，其为碳交易市场的发展提供了基础。

这个问题可以追溯至关于环境问题公共产品属性的探讨。通常，在私人产权条件下，将生产的外部性问题内部化所产生的成本，较之公共产权条件下要小得多，其中的主要原因在于公共产权条件下，涉及众多的产权主体，生产的负外部性会影响多个产权人，其中内生的搭便车行为提高了协议成本。因此，在国际社会应对环境恶化这个重大问题时，其直接的做法就是将全球的碳排放权按照一定的标准在世界各国之间进行分配，然后再由各个国家按实际情况分配给微观经济主体。在碳排放权额度有限的情况下，拥有碳排放权份额的各个主体之间必然存在份额紧缺和份额相对富裕的实际情况，这提供了碳排放权交易市场形成的基础性条件。当然，碳排放权市场所涉及的不仅是碳排放额度的确定，同时也包括了超额排放的惩戒机制。当前关于碳排放权交易的安排，主要是在《京都议定书》的框架下进行。获得碳排放权的企业可以自由转让其获得的碳减排份额（CERs），转让后将丧失相应数量的排污权；而购买者买入碳排放产权后，其相应数量的碳排放行为将是被允许的。碳排放产权交易的实质是以市场手段对碳排放资源进行重新分配，这同时也是一种强制的碳减排机制。

美国学者戴勒斯（1968）在《污染、财富和价格》中首先提出了污染物排放权交易的思想。[①] 他将全国的环境资源看成中央政府所拥有的资产，然后将一定污染物的排放权按照市场机制出售给碳排放主体，每个已经获得碳排放权的经济主体也可以再次将其获得的碳排放权出售给下一个需求者。污染物排放权交易是一种市场化的环境管理方法，通常应用于污染物排放量已经超过当地环境可以容纳程度的地区。常见的做法是采用一定的方法核定区域环境标准，然后据此测算污染物的最大可排放量，并将这个最大可排放量采用一定的技术进行分解，构造出单

---

① Dales. Pollution，property and prices［M］. Toronto：University of Toronto Press，1968.

位污染物排放水平，最终形成污染物排放权。污染物排放权向微观经济主体的赋予可以采取拍卖、定额无偿分配等形式。污染物排放权交易是市场化的环境管理技术。

20 世纪 70 年代以后，实物期权的价值才能做数量的估算。作为特殊的产权交易品种，如何对碳期权品种进行合理估值是碳金融市场的关键问题之一。以布莱克－斯科尔斯的期权定价理论为代表的各种期权理论直接构成了碳排放权交易市场实践的支撑。

二、碳金融市场机制运行的基础性条件

由于碳排放权交易是碳金融市场的核心，低碳项目开发的投融资活动、与碳排放权相关的衍生品交易与投资活动和其他涉碳金融中介活动都在此基础上产生，所以碳金融市场机制运行条件的考察，必须从碳排放权交易开始。碳排放权本质上是一种信用，因此，授信主体确定以及授信额度的合理分配是碳交易机制的重要基础。[①] 从而，碳金融市场机制运行的基础性条件涵盖了碳交易主体的确定、碳排放份额的确定、稽查与惩戒机制安排三个基本方面。

1. 碳交易主体的确定。工业生产遵约守信的企业是碳交易市场的主体，这也构成了碳金融市场活动的基本源头。实施碳排放权交易的基本目的在于降低工业生产中的非期望产品产出，因此非期望产品边际产出额度大和总量产出额度大的企业是碳排放权交易主体中的重点。一般来讲，这些企业的生产活动要么严重依赖石化资源，碳锁定强度很高，碳污染物排放强度也很高，要么尽管生产活动对石化资源的依赖度不那么高，但生产活动产生污染物排放强度很高。这些企业在碳排放权交易市场中的地位是影响碳排放权交易价格和市场结构的主要因素。除此以外，市场上还存在专门从事碳金融产品的专业机构以及为碳减排提供各类服务支持的商业银行、投资银行和保险机构等金融机构。值得注意的是，这些机构不是碳排放权的初始授信者，但其存在直接提高了碳金融市场的流动性且为各种涉碳活动提供各种金融服务。

2. 碳排放份额的确定。碳排放权交易的基本原则是总量控制和自由市场交易，

---

① 杨志. 生态资本与低碳经济 ［M］. 北京：中国财政经济出版社，2013.

这个原则使得碳排放权市场在总量控制下实现碳排放份额的市场流动。鉴于此，区域碳排放总量及其向微观经济主体的公平分配的确定是保障市场公平有序的基础性条件。

（1）碳排放总量确定。当前，这个问题的解决主要是遵循《京都议定书》中的规定：缔约各方应个别或者共同保证其碳排放总量不超过排放量化限制标准和做出的碳减排承诺，以及依照相应标准所计算的碳排放分配数额。欧盟根据具体的经济发展水平和碳排放现状制定明确的碳减排总量和碳减排时间路线图。

（2）各个经济体所获得的碳排放权当量在内部各个微观经济主体中的拆解分配。这个过程中的博弈首先围绕各个经济体可获得的碳排放权当量规模展开，其基本的碳排放权当量分配依照"共同但有区别的承担"环境治理的责任的原则，使欠发达经济体发展经济的权利和愿望得到尊重。通常是发达经济体严格降低排放水平，而容忍欠发达经济体排放总量上升的同时要求其降低碳排放水平的增速。其次是经济体内部各个微观经济主体围绕各自可获得碳排放权份额所展开的博弈，这个过程要求每个经济体都能够遵循公平合理分配的原则。

3. 稽查与惩戒机制安排。碳排放权价值的大小与其稀缺性紧密关联。碳排放权资源的稀缺性，不仅与自然环境的容量有关，更重要的是微观经济主体在碳减排上所付诸的切实行动。因此，微观经济主体生产中的碳污染物排放必须得到严格的控制，其重要的保障机制首先是检查稽核机制的确定。如果不能对企业生产的碳污染物排放形成有效的监督和控制，企业生产中就会缺乏主动的清洁生产动力。对碳污染物排放的有效监督和稽查是碳交易市场信息质量的保证，这既有助于政府对碳减排总体情况的认定并制定合理的环境政策，也有助于碳排放权市场出清价格的形成。当然，如果稽核发现，碳减排主体的污染物排放超过规定的份额，就必须以严格有效的惩戒机制来实施纠正行动，这种惩戒机制是碳排放权交易市场良好运行的重要保障。

三、碳金融交易市场的运行机制

碳金融市场运行机制的要素包括碳金融市场主体、市场客体、交易标的的市场供求以及价格形成、市场结构等相关内容。在前述的内容中，碳金融以碳排放权交易为核心，作为主要交易标的的碳排放权市场供求以及价格形成问题已经论及。因此，本节的主要内容是碳金融市场主体、碳金融市场客体、碳金融市场上的创新产品以及涉碳金融服务机制相关内容的阐述。

1. 碳金融市场主体。由于碳排放权交易是碳金融的核心，因此，碳金融市场主体首先表现为因清洁技术创新而产出碳排放权者、碳排放权的直接需求者和碳排放权的投资方，以及为这三者提供各种金融服务的金融中介机构；其次是企业；最后是政府等特殊主体。根据莫大喜（2013）的总结，碳金融市场的交易主体如表 6 - 1 所示。

表 6 - 1　　　　　　　　　　不同市场中的交易主体

交易主体	基于配额的碳交易市场	基于项目的碳交易市场
交易所	各种碳交易所	CDM 提供方交易平台
政府部门	缔约方国家、非缔约方国家	非缔约国家
国际组织	世界银行、联合国环境计划委	世界银行、联合国环境计划委
非政府组织	世界自然资源基金会	世界自然资源基金会
金融机构	商业银行、投资银行、保险公司	商业银行、投资银行、保险公司
其他交易主体	各类私募基金、相关需求者	各类私募基金、相关需求者

资料来源：莫大喜. 碳金融市场与政策 [M]. 北京：清华大学出版社，2013：46.

碳金融市场上的金融机构及其行为内容如表 6 - 2 所示。

表 6 - 2　　　　　　　　　碳金融市场上的金融机构及其行为

金融机构	行为内容
商业银行	主要是涉及碳投资和金融咨询、金融顾问业务；清洁发展机制下，各类项目对清洁技术和资金需求较大，银行是其重要的融资方；在这个过程中，银行一般遵循赤道原则；银行也会作为碳排放权份额交易者的身份出现，这为市场流动性提供了重要支持
投资银行	碳金融市场上非常活跃的机构。首先以自身的资金实力参与清洁技术的研发与推广中，并从中分享收益；其次是其会开发各种碳资产的证券化产品，从而提高了市场的流动性；最后是其主动介入碳金融产品的二级市场，采用各种金融工具进行套利，从而为市场均衡价格的形成提供重要的市场推动力量
各类基金	包括由政府、金融机构和民间机构投资分别或者联合出资设立的各种专门基金，其致力于投资碳排放权产品，或者投资于有利于环境质量改善的碳减排项目
保险公司	碳金融市场重要的参与者，主要推出应对碳金融风险的各种风险保障产品，分为针对碳排放权交易波动风险的保险和低碳产业发展风险的保险；同时，也为部分类型的低碳项目提供资金融通
信用评级机构	碳信用评级机构是将碳标准化为产品而创设的碳信用资产，方便投资者能在全球范围内以相同的标准来评估碳信用级别，正确认识涉碳信用风险水平

2. 碳金融市场客体。在碳交易市场中，碳金融客体即为碳排放权，其可以细分为欧盟碳排体系下的 EUA、清洁发展机制下的 CER、联合履行机制下的 ERU 和国际碳排交易下的 AAU 等基础产品，以及在其基础上产生的各种创新产品。碳金融市场上的基础产品相关内容如表 6 – 3 所示。

表 6 – 3　　　　　　　　　　碳金融市场上的基础产品

基础产品	相关内容
欧盟配额 EUA	为解决全球气候问题，欧盟建立起了自己的碳排放权交易体系和架构，该体系中最重要的环境保护政策工具之一便是 EUA；欧盟根据各个成员的经济发展水平及彼此之间的相对经济关系，免费为每个经济体发放碳排放权份额，然后各个经济体的政府再结合本国碳排放压力和碳减排潜力，将所得到的碳排放权发放给不同企业，同时建立起了企业超标排放的惩戒机制；总体上，EUA 有三个重要特征，一是总量控制，二是强制加入和减排，三是定期检查机制
核证减排量 CER	CER 是在全球范围内建立起的清洁发展机制下的产物，其实质是以项目为载体，通过发达经济体向发展中经济体提供资金和技术，帮助发展中经济体实现一定的碳减排额度，并以此减排额度来冲抵发达经济体要履行的碳减排责任的合作机制，因此，CER 是基于发达和发展中经济体之间合作机制的碳减排额度
排放减量单位 ERU	ERU 是基于碳减排联合履行机制的一种中性碳减排单位，其实质是发达经济体之间通过项目合作，一方可以将与合作项目有关的碳减排份额转让给另一方
分配数量单位 AAU	AAU 是基于国家间碳排放贸易体系的碳减排安排，基本依据是《京都议定书》第 17 条列示的合作机制，实质是一个经济体将时段内的碳减排额度转化为特定污染物的排放当量，使不同组织既可以明确其减排的任务和基本目标要求，也便于碳减排市场交易展开

3. 碳金融市场上的创新产品。碳金融市场上的创新产品异彩纷呈，相关市场发展迅速。到目前为止，主要包括碳现货、碳期货、碳期权、碳债券和项目保险等涉碳金融工具。

（1）碳现货是碳排放权现货交易合约。碳排放权的交易双方对碳排放权交易的时间、地点、方式、规模、品质、价格做出书面协议约定，通过交易实现碳排放权的市场流通。这是碳排放权交易市场最早的现货交易品种。2011 年底，欧盟公布了关于金融监管的修正案，将碳排放现货合同界定为金融工具并纳入金融监管的框架体系之内。

（2）碳期货是以碳现货合约为交易标的资产的期货合约。交易者购买合约并承诺在约定的交割日以约定价格买入或卖出碳排放权合约。碳期货可以为未来实际碳排放配额的需求者提供规避碳现货价格波动风险的工具，这种情况下，碳期货合约的交易者在交割日会进行碳现货交割。碳期货也为碳现货的实际拥有者规避碳现货市场未来价格波动提供套期保值工具，拥有此类交易动机的交易者在交割日通常不会交割碳现货，而是进行价差价格。碳期货合约拥有其他金融期货合约和商品期货合约的一般特征，具有双向交易机制，也具有套利和投机功能。

（3）碳期权是期权合约的交易双方约定，碳期权合约的购买者有权在未来约定的时间，按照敲定价格从交易对手中买入或者向交易对手出售一定数量碳排放权的合约。为此，期权合约的买入方向期权合约的出售方支付权利金后取得了合约约定的买入或出售的权利，当然，期权合约的购买方可以行权也可以选择弃权。根据所买入的权利性质的不同，碳期权也可以分为看涨期权和看跌期权。碳期权同样具有其他金融期权或者商品期权的一般特征。

（4）碳债券主要是与低碳项目相结合的债券。通过债券在资本市场融资用于清洁生产技术开发和推广。目前，商业银行等金融机构开始推出更灵活的结构性产品，主要是和碳减排单位挂钩。在国外碳金融的发展中，碳债券是解决低碳项目融资困难的重要机制。目前的碳债券主要有指数关联碳债券和零息碳债券。前者将碳债券的利率设定与政府的减排目标、碳排放权的价格指数等关联，当政府的减排目标未能实现或者碳排放权转让价格指数不断上扬时，政府就应该支付更多的碳债券利息，这是另一种碳减排的市场压力机制。后者是通过由政府提供担保的碳债券提供长期范围内零息融资以支持碳减排项目，等到项目发展成熟后出售给公司以获取利润，其实质更像是一种低碳项目发展的孵化器。

4. 涉碳金融服务机制。碳金融的产生推动了金融机构的涉碳行为，既促进了碳交易市场的活跃，也促进了低碳经济的发展。碳金融框架体系也涵盖了碳排放权定价和交易的微观层面、金融体系的涉碳信贷、保险和资本市场上的投融资行为等中观层面以及财政政策、产业政策、货币政策等宏观层面。宏观层面主要涉及碳金融市场的发展和金融体系的完善；中、微观层面主要是金融机构本身及企业的碳金融功能。此处，我们主要探讨的是中、微观层面上的碳金融服务对企业发展的影响。

（1）碳减排成本—收益转换机制。具有公共产品属性和负外部性效应的环境保护问题很难内化到企业的投融资决策当中。碳金融市场运行使得碳排放权可交易，并通过市场竞争机制形成出清价格，实现环境外部成本的内部化，从而使得减排效果显著的企业获益，提高了企业主动进行清洁生产技术创新、主动减排的动力。

（2）碳减排融资机制。碳污染排放问题的根本解决，必须依赖于经济体对自身产业的技术升级和结构调整，来摆脱过度的碳锁定状态。这需要该经济体不断加大环境治理、发展低碳产业和创新清洁生产技术的投入。碳项目投融资金融工具提供了更加多元的涉碳投融资模式，既增加了投资渠道，也优化了资源配置，有效地作用于能源产业链由高碳向低碳环节的转移。而且，作为最重要的市场杠杆，碳金融将社会资金有效地导入减排技术创新等领域。

（3）风险管理和风险转移机制。由于碳减排权的交易实际上涉及的是企业努力后的未来结果。这个结果的出现受到多种不可控因素的影响。碳交易和碳保险则提供了规避不可知和不可控风险的有效机制，通过碳期货、碳期权、环境风险产品、气候风险产品等规避市场异常波动风险，成为碳金融市场上最基本的风险管理工具。

第三节　世界发达经济体的碳金融实践经验

世界主要发达经济体都在环境治理方面进行了不断的创新，也不断加大了投入。同时碳金融市场制度建设和机制建设也取得了不小的进展，在通过碳金融服务于污染密集型企业碳减排和清洁生产技术提升方面，积累不少经验。以下选取美国、欧盟和日本三个发达经济体来探讨其碳金融市场发展经验，期待能为我国的碳金融市场建设，以及通过碳金融市场发展促进碳污染转移治理提供启示。发达经济体碳金融市场发展中的主要制度建设和市场机制建设以及主要碳金融工具情况如表6-4所示。

美国碳金融市场的发展已经基本形成以强制性为主、非强制性自愿减排配合的多元化交易系统。在这个系统中，建立起了多样化的以碳项目投融资为主的碳金融交易工具和碳金融交易平台。交易主体和交易客体都非常多样，市场参与者不仅有政府、企业和金融机构，也包括非政府组织、学术机构等。

表 6 - 4　　　　　　　　　　世界主要发达经济体碳金融市场实践

经济体	制度建设	机制建设	主要涉碳金融工具
美国	美国于 2007 年通过《低碳经济法案》，2009 年通过《美国复兴与再投资法案》，并提出了气候变化的立法；规定了美国对太阳能、风能、地热能等可再生能源的重点投资	2001 年美国退出《京都议定书》后在碳减排交易平台方面也付出了努力；美国的碳金融交易系统由碳排放权的供给者、使用者和中介服务机构组成；美国地方政府、民间机构与企业表现的较联邦政府更加积极；美国的芝加哥气候交易组织和气候期货交易所是全球最有影响力的气候交易机构	CER 期货和期权交易品种、EUA 期货、碳现货、碳汇交易工具；碳金融工具期货、清洁能源指数期货、核证减排期货和期权、其他主要污染物排放治理融资工具期货和期权；绿色贷款、绿色基金、绿色保险、环境信用评级机构；其他涉碳金融工具
日本	日本于 1987 年通过《应对环境变化根本法》；1995 年通过《科技根本法》；2000 年通过《建筑循环使用法》；2006 年实施《新国家能源战略》；2007 年通过《东京气候变化战略》；2008 年实施《低碳社会行动计划》；2009 年实施《绿色经济与社会变革》方案并于同年提出《气候变化策略》	2010 年通过并实施世界首个应对城市内大型企业碳排放的强制性摊牌交易方案；建立灵活监管机制，强制要求微观主体实施碳减排计划；强制要求新建设施符合节能和碳排放标准；推进太阳能等可再生能源利用设施建设；在碳捕捉和碳封存方面强化技术创新	CER，ERU，EUA，AAU；碳现货，碳期货，碳期权；绿色贷款、绿色基金、绿色保险、环境信用评级机构；其他涉碳金融工具
欧盟	欧盟于 21 世纪初创设了气候变化应对计划；2003 年实施《欧洲二氧化碳排放交易指令》；2007 年执行欧盟环境与资源政策系列计划	欧盟于 2005 年建立跨国碳排放权交易机制；欧盟的碳减排交易体系，采取了"配额 + 交易"的模式，同时实施强制加入、强制减排、定期检查，超排惩戒等原则措施，并分阶段推进实施；2011 年实施新的金融监管修正案，碳减排现货合同被视为一种现货金融工具并纳入常规金融监管的框架内	CER，ERU，EUA，AAU；碳现货，碳期货，碳期权；绿色贷款、绿色基金、绿色保险、环境信用评级机构；其他涉碳金融工具

资料来源：拉巴特，怀特. 碳金融 - 碳减排良方或者金融陷阱 [M]. 王震译. 北京：石油工业出版社，2010；王瑶. 碳金融 - 全球视野与中国布局 [M]. 北京：中国经济出版社，2010；World Bank. 10 years of experience in carbon Finance [R]. 2009；杨志. 生态资本与低碳经济 [M]. 北京：中国财政经济出版社，2013.

　　日本的碳减排系统建设中具有三大特征：一是积极介入世界性碳减排规制并积极创新；二是以政府推动民间配合，确立碳减排科技开发计划，主动研发和推广清洁生产技术，并积极将碳减排计划贯彻到微观经济主体当中；三是碳减排和低碳化方案主要依托市场机制实施和完善。在碳减排领域，世界上多数经验的核心都是以政府制定碳减排计划并主导实施，而日本提供了政府倡导平台依托市场机制自主创新和实施的重要经验。

欧盟建立起了世界首个跨国碳减排交易体系，交易机制、交易平台和制度建设都比较完善；建立起了多样化的碳排放权交易金融工具和碳金融交易平台，碳金融工具丰富多样，金融机构类型众多，碳投融资资金来源多样。已经初步形成了反映碳排放权稀缺性的价格机制。其"强制纳入、强制减排"的原则和"总量控制、配额交易""分阶段强制实施"模式为应对环境治理问题提供了极具价值的参考。

第四节　碳金融交易规避碳污染转移的一般路径

根据《京都议定书》，承担减排义务的发达经济体可以选在任何成本更低的地方实施减排活动，并获得减排信用以完成减排任务；承担法定限制温室气体排放的经济体对其超标排放要进行经济补偿，这为排放权交易提供了可能；超额完成碳排放标准的经济体在利益驱动下存在着出售额外排放权的动机，由此，温室气体减排量（权）交易推动了一个特殊金融市场的形成。通过全区域配置减排项目来引导投资，为不同经济体提供有效的低碳经济发展契机与举措。因此，碳金融可以理解为与减少碳排放、实现特定环境规制有关的金融交易活动及其衍生的各种金融行为，其中涵盖了碳排放量（权）的交易及其衍生的各种投资（机）和发展低碳经济的产业导向下的投资项目投融资、担保、咨询等金融活动。我们将碳金融市场为污染密集型生产提供的金融服务区分为碳减排和环境治理所提供的融资类服务、风险规避机制、碳减排份额交易服务和碳减排咨询等其他服务，并为生产所带来的污染在规定范围内的企业提供更低的碳金融服务费率，一旦企业生产带来的污染超标，将不得不接受更高的碳金融服务费率直至碳金融服务受限。这一点的贯彻落实，需要在政府的引导和支持下，碳金融市场建立和完善起碳交易征信系统，对企业尤其是污染密集型生产企业的碳排放行为和碳交易过程进行系统性评价，并以此为基础制定碳金融服务的差别费率机制，这将是碳金融市场配合政府环境政策实施的重要市场手段。

为了将碳金融服务内生化到环境规制中，我们将污染密集型生产所产生的环境污染区分为单位产出所带来的边际污染度和总产出所带来的总污染度，并分别施加环境规制，即规定边际污染达到一定的水平后，单位污染所需支付的费率提高，且固定减排成本提高，这两个部分增加的费用由政府强制实施。或者虽然单位产出的污染程度在规定的范围内，但总产出规模导致的总污染超标后，需要就超标部分购买碳减排份额，这主要通过碳交易市场实现。上述机制在前面章节中已经进行了理论上的证明。

碳金融交易促进碳污染转移规避的一般路径如图 6-1 所示。需要说明的是在政府强制实施的环境行动中所涉及的歧视政策，主要是指政府根据区域经济发

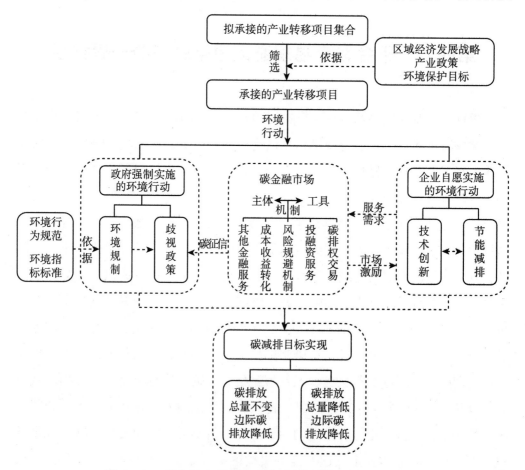

图 6-1 碳金融交易促进碳污染转移规避的一般路径

展导向和环境目标，为配合环境政策实施，倡议、引导碳金融市场建立和完善碳金融市场征信系统，据此形成一种特定范围内的碳金融市场服务差别费率机制，利用金融市场化机制对政府环境政策的重要配合手段。

第七章
碳金融发展与中国产业
有序转移的基本建议

通过前面各章节的分析，就碳金融市场发展和中国区际产业有序转移问题，我们得出了以下基本的结论，并在此基础上给出了基本建议，以期对我国碳金融市场发展以及依托其推动中国区际产业有序转移提供积极的意见和建议。

第一节　基本结论

一、环境保护是产业有序转移的关键问题

我国产业转移的一般原因有两个：一是区际资源禀赋比较优势结构调整带来的产业区际转移；二是某个地域某产业集聚后集聚效应发挥所带来的产业区际转移。前者主要强调经济社会发展过程中区际比较优势变化导致的边际产业拓展，因生产投入要素及资源调整、政策变化产生的成本差异出现，特定区域内比较劣势产业或者比较优势逐步丧失的产业外迁；后者主要是考虑生产流通区位、产业集聚与产业拓展等因素，实质是产业集聚演进中的一种现象；[①] 当集聚租金较高时，企业对租金利益的寻求会产生特定区域内的集聚现象，面对较低的集聚租金或者集聚租金不断下降的情况则考虑向区域外部寻找新的租金收益。我国的产业区际转移同时受这两方面的因素影响，从当前情况看，前者的特征更明显一些。另外，我国企业对国际化分工的介入加深而产生的产业结构调整，以及中、西部地区地方政府引导的经济社会发展思路和其对地方 GDP 的过分追逐也是产业区际转移的重要影响因素。

我国幅员辽阔，不同地区经济社会发展呈现梯层特征。东部等较发达地区因要素供给压力及因以往发展模式的影响，环境压力不断增大，地方政府在污染排放和能耗标准方面不断提高要求，高能耗、高污染企业在土地、融资等方

---

① P. Krugman. Scale Economy, Product differentiation and trade models [J]. American Economic Review, 1980, 70 (5), 950 – 959.

面受到日趋严格的政策限制，企业成本压力增大，生存空间压缩，加之区域内生产要素争夺激烈，产业发展的集聚效应减弱。企业开始把发展的目光投向本地域之外，寻求拓宽空间，中、西部等欠发达地区成为产业转移的主要承接地。发达地区通过直接投资完成的产业转移很多集中在诸如金属冶炼、化工等污染密集行业，其粗放式的生产经营方式给产业承接地区带来巨大的环境压力。而且，很多欠发达地区存在"唯GDP论"的滞后发展思想，在产业承接中不断降低环境规制标准，忽视节能减排，和环境底线赛跑，事实上担负了环境避难所的角色。在产业转移与承接中，大多数地区缺乏明确的环境规制目标，甚至承接产业与当地环境效率、要素禀赋、区域功能以及产业基础出现错位，大量引入环保不达标、能源消耗量大、投入产出比较低的企业，甚至引入重污染的夕阳产业、国家规定禁止或限制类的项目，这些企业和项目不仅对承接地生态环境构成严重威胁，增加环境治理成本，导致产业转移的无序与低效现象，出现事实上的污染转移，带来污染产业的空间分布失衡。这些问题都衍生出区际环境治理、生态补偿等重要问题。不同经济地域的协同发展是一整盘棋，产业承接绝不是以环境为代价的污染承接，产业迁出也绝对不是无所顾忌的甩掉重污染的包袱。巨大的环境压力要求我们在产业转移与承接中，必须以环境保护作为重要的着眼点，来确保资源节约型社会的构建。

二、碳金融市场提供了促进产业有序转移的重要市场机制

我国区际资源禀赋、经济梯层和发展思路等导致的环境规制差异促使较发达地区的企业采取环境寻求策略，将环境非友好型生产向欠发达地区迁移，一些欠发达地区在事实上成为环境非友好型生产的避难地，陷入经济越发展环境越恶化的窘境。将环境因素导入赫克歇尔－俄林模型中发现，环境产品价值并不能完全由市场竞争机制形成，政府的环境规制松弛程度是影响环境产品价值的重要方面。一旦环境成本不能完全内部化，相关产业发展过程中将出现政府失灵和市场失灵同时存在的状况，基于自然禀赋的生产比较优势极有可能恶化环境。

我国区际客观存在不同程度的区域市场保护，导致了相关市场的不完全。由于无法通过外部市场组织交易以实现利润最大化，企业会通过建立内部化市

场凭借组织管理手段协调生产要素配置，来克服不完全市场的交易风险以及环境规制差异带来的市场扭曲。另外，经济社会发展和环保意识增强，人们对环境密集型产品偏好强度提升，以先进环保技术完成生产供应是企业重要的竞争优势，为维护市场地位，避免先进技术外泄和扩散，通过区际直接投资形式转移污染密集型企业生产成为重要形式。

产品周期阶段差异是欠发达地域承接污染密集型产业的重要原因。企业斟酌异质产品所处阶段及其创新驱动力的强弱，在不同产品周期阶段投入研发的差异带来了生产比较优势结构的调整，不同产品周期阶段的相对生产要素价格驱动了企业外迁。当较发达经济地域的主导产业调整为清洁环保、具有高技术等特征的产业时，原来的污染密集型产业已经逐渐步入衰退期，在原地域生产已经没有发展空间，迫切需要向梯度低的欠发达经济地区转移来延长产品周期，从而出现污染随带转移。

在资源禀赋、不完全市场、产品周期阶段和区域环境规制差异的共同影响下，环境产品生产比较优势结构变化，环境规制强度高的地区，高额的污染治理成本可能促使企业采用环境寻求策略，通过直接投资等形式实现污染产业（环节）生产从环境规制程度高的地区向环境规制程度低的地区的迁徙，随之出现环境污染的随带转移。企业环境寻求策略的激发条件是，经济发达地区的企业规避本地环境规制的利益大于污染产业转移所支付的管理成本和贸易成本的总和。而且，环境规制强度较高的经济地区，污染密集型产品生产的边际环境治理成本和平均环境治理成本也较高，将污染密集型生产外迁的动力也越强；生产效率高的资本密集型企业对环境规制强度更加敏感；环境成本差异决定了非环境友好产品生产转移的动力；当环境规制差异大于生产转移成本，就会出现污染密集型生产向环境规制松弛地区转移的现象，导致事实上的污染避难所现象出现。这意味着：一是政府可以通过基于环境价值判断的、价值引导性选择型工具，通过促进高效率企业的产业转移和遏制低效率企业通过生产转移逃避管制，促其淘汰来实现社会福利的帕累托改进；二是可以通过对效率高的资本密集型企业提供特定金融服务来影响其产出函数进而导致企业行为的改变。

这正是碳金融市场可以提供的市场干预机制。《京都议定书》的框架提供了碳排放权交易机会，以其为核心的市场建设推动了碳金融市场的形成。碳金融市场通过配合全区域减排项目来引导投资，为低碳经济发展提供了有效举措。

碳金融是为与减少碳排放、实现特定环境目标有关的碳金融交易活动及其各种衍生金融行为，涵盖了碳排放量（权）的交易及其衍生的各种投资（机）和发展低碳经济的产业导向下的投资项目投融资、担保、咨询等金融活动。碳金融市场提供的金融服务可以分为碳减排和环境治理所提供的融资类服务、风险规避机制、碳减排份额交易服务和碳减排咨询等其他服务。通过将污染密集型生产所产生的环境污染区分为单位产出所带来的边际污染度和总产出所带来的总污染度，并分别施加环境规制，我们可以将碳金融内生化到企业决策中。即建立和完善碳征信系统，规定企业的边际污染达到一定水平后，单位污染所需支付的费率提高，且固定减排成本提高，其由政府强制实施。或者单位产出的污染程度在规定的范围内，但总产出规模导致的总污染超标，企业此时需要就超标部分购买碳减排份额，这主要通过碳交易市场实现。为进一步形成对高碳排放企业的压力，政府可以倡导或要求金融机构提供相关服务时，在市场上采取碳减排歧视性政策，即对于污染物排放在规定范围内的企业提供更低的碳金融服务费率，污染超标的企业将面临碳金融服务费率加成或者碳金融服务受限，形成对高效率企业转移和环境治理努力的支持和淘汰低效率企业的压力，这些是碳金融市场竞争机制对环境政策的积极配合。通过环境规制和碳金融市场机制可以对污染密集型企业的生产成本函数施加有效影响，促进产业有序转移。

三、合理的环境规制级差是产业有序转移路径的核心

受国际公约限制和我国追求可持续发展目标过程中的环境污染与治理问题的挑战，我国碳减排压力很大。由于我国区域辽阔、区际经济发展明显不均衡，而且区际环境资源禀赋、清洁生产技术水平、产业结构、经济发展梯层、社会心理等方面存在巨大差别，使得区域环境规制和碳金融市场的一些微观机制形成不能采取整齐划一的形式，区域环境规制级差存在也因此是一种客观的要求，这种差异性的碳规制有利于全国范围内的碳减排目标实现和清洁生产技术升级，协调区域经济发展和环境治理之间的矛盾。我们将企业的产出区分为期望产出和非期望产出，即正常产出与污染物产出，以环境技术反映二者及其所投入要素结构关系并进入生产函数，在特定的环境规制下，企业将会追求最大化期望

产出和最小化非期望产出。借助非参数化的数据包络分析方法建立方向环境生产前沿函数，以差异性环境规制强度影响的产出边际变化映射环境规制成本。区分环境规制的三种状态，状态1：这是一种极端的无环境规制的状态。在特定经济区域内，地方政府并不关注环境保护问题，从而并没有特别的环境治理要求。状态2：是一种强环境规制状态。在特定的经济区域内，地方政府极度关切环境保护问题，从而对企业产出的污染问题施加高强度规制。状态3：是一种较弱环境规制状态。在特定的经济区域内，地方政府仅仅是一般性的关注环境保护问题，对企业污染物排放施加的环境规制比较松弛，并使其与企业方向性环境生产函数的三个阶段特征相结合，最终使得区域发展阶段、特点和环境规制政策制定融合。在这个过程中，引入人均碳排放这个碳排放强度概念，通过对碳排放强度进行因素分解并采用聚类方法进行实证研究，将我国除西藏外的30个省市自治区分为四大类域，A类域包括北京、上海、浙江、广东和海南；B类域包括天津、河北、辽宁、青海和新疆；C类域包括吉林、黑龙江、江苏、安徽、福建、山东、江西、河南、湖北、湖南、广西、重庆、四川、贵州、云南、陕西、甘肃17个省市；D类域为山西、内蒙古和宁夏。然后根据方向性环境生产前沿函数加工不同区域在状态1和状态2下的平均环境规制成本并进行排序。[①] 结果是，碳排放强度的四大类域中，从环境规制的平均成本来看：A类域地区和C类域地区在环境规制级差状态2和状态3下的排名都位居前两位，且数值较后两位明显要小，环境规制的敏感度较低，因此在A类域地区和C类域地区适宜采取高强度的环境规制水平，环境政策中应提出更高的碳减排目标，且应该在碳金融市场的微观交易机制中采取明显的碳减排歧视政策以有效配合政府的环境规制；B类域地区在环境规制级差状态2下的环境规制平均成本位居最后，但在状态3下的环境规制平均成本位居第三，说明B类域地区的企业对环境政策更加敏感，因此适宜采取较松弛的环境规制状态3；D类域地区在环境规制级差状态2下的环境规制平均成本位居第三，但在状态3下的环境规制平均成本位居最后，说明D类域地区的环境政策适宜介乎于状态2和状态3之间但要不断向状态2下的环境政策靠拢。在此分析基础上，得出产业有序转移实现的一般路径，即首先要明晰全国各省份的碳排放强度，根据其进行环境规制强度

[①] 由于状态1是一种不关注环境问题，无任何环境规制举措的极端情况，这有悖于实际，因此这里的实证研究中，并未对该状态下环境规制平均成本进行测算。

的大区域划分；其次是根据方向性环境生产函数加工各大区域在强和弱环境规制下的平均环境规制成本并进行排序；再次是根据排序确定各个区域最适宜的环境规制强度，并据此确立合理的环境规制差异并形成相应的环境政策；最后，在环境规制差异下，以碳金融市场化手段发展配合政府的环境政策，影响企业的环境寻求策略，最终引导高效率污染密集型生产和清洁技术生产的有序转移，淘汰落后产能。另外，由于环境规制强度更高的地域已经逐步形成清洁技术密集型生产的集聚和优良的产业业态，若环境规制较松弛地区的政府不采取更高程度的清洁技术密集型生产的优惠政策和更优质的服务，这类企业的外迁将是企业的理性选择。由于环境规制松弛的地域已经逐步形成污染密集型生产的集聚和较恶劣的产业环境业态，若当地政府不能因地制宜地制定合理的产业发展政策并切实执行，该区域可能沦为事实上的污染避难所，经济发展可能以更严峻的环境恶化为代价。

四、各种碳金融交易是碳污染转移规避的重要市场手段

污染转移是经济社会发达地域通过各种方式将对环境危害较大、污染物排放高的生产项目转移到其他地区，表现为碳污染在地理空间上的转移。[1] 通常是从发达经济区域向欠发达经济区域，经济发展高梯层区域向低梯层区域的转移。因欠发达地区环保意识薄弱、不当的发展思路以及过分关注引进生产所带来的资本和技术因素，而有意无意地忽视环境保护问题，使得碳污染转移具有合法和隐蔽的特征。碳污染转移规避的指向并非完全局限于采用各种手段、在产业转移与承接中完全避免了碳污染的转移，这既不现实也不可能。碳污染转移规避更多强调的是在承接产业转移时，采用各种手段，使承接地的环境状况得到改善，至少不会继续恶化，进而从经济社会发展全局的角度，实现社会福利的增进。

分析认为，除企业环境寻求策略外，碳污染转移更重要的原因是承接地实际因素，包括不合理的区域环境规制级差、不完全市场导致的环境成本内部化困难、产业转移承接地政府环境监管松弛和碳金融市场发展的滞后。其中，碳

---

[1]　包晴. 中国经济发展中地区之间污染转移现象的表现形式及其原因分析 [J]. 北方民族大学学报，2009 (3)：72 – 76.

金融市场发展滞后主要表现为，我国的碳排放权交易市场尚未真正建立，碳减排控制机制和制度不完善；清洁生产技术创新机制和风险规避机制不完善；清洁技术创新发展的投融资机制存在问题。单靠政府的财政补贴和政府基金的局面严重限制了清洁生产技术的发展规模和发展速度，我们尚缺乏一个健康有效的碳金融资本市场及其所提供的完善的碳减排投融资机制。

就碳金融市场发展来看，产权理论、碳排放权交易理论、期权交易理论等，其为碳交易市场的发展提供了基础。由于碳排放权交易是碳金融市场的核心，低碳项目开发的投融资活动、与碳排权相关的衍生品交易与投资活动和其他涉碳金融中介活动都在此基础上产生，碳金融市场机制运行的基础性条件涵盖了碳交易主体确定、碳排放份额确定、稽查与惩戒机制三个基本方面。其中，高碳排放企业是碳排放权授信的主体，围绕碳排放权交易，市场上还存在专门从事碳金融产品的专业机构以及为碳减排提供各类服务支持的商业银行、投资银行和保险机构等金融机构，他们直接提高了碳金融市场的流动性且为各种涉碳活动提供各种金融服务；碳排放总量的确定主要是基于《东京议定书》，缔约各方应个别或者共同保证其碳排放总量不超过排放量化限制标准和做出的碳减排承诺，以及依照相应标准所计算的碳排放分配数额。欧盟根据具体的经济发展水平和碳排放现状制定明确的碳减排总量和碳减排时间路线图，然后是各个经济体将所获得的碳排放权当量在内部各个微观经济主体中进行拆解分配，基本原则是"共同但有区别的责任"。对碳减排承诺的履行进行的检查稽核以及惩戒机制是碳减排的重要保障机制。

碳排放权交易是碳金融的核心。碳金融市场主体首先包括因清洁技术创新而产出碳排放权者、碳排放权的直接需求者和碳排放权的投资方，以及为这二者提供各种金融服务的金融中介机构，其次是企业，最后是政府等特殊主体。碳金融客体即为碳排放权，其可以细分为欧盟碳排体系下的 EUA、清洁发展机制下的 CER、联合履行机制下的 ERU 和国际碳排交易下的 AAU 等基础产品，以及在其基础上产生的碳现货和碳金融衍生工具等各种创新产品。碳金融市场提供的各种碳金融服务可以概括为，实现碳减排成本－收益转换的金融服务、碳减排融资服务、碳金融风险管理和风险转移服务等。借鉴美国、欧盟和日本的碳金融市场发展中的制度建设、机制建设和工具建设的经验，最终提出了以碳金融交易规避碳污染转移的一般路径。即：首先是地方政府根据区域经济发展战略导向、产业政策、自然禀赋和环境保护目标选择拟承接的转移项目，然后推动这些项目主体实施环境行动，其中环境行动分为政府强制实施的环境行动和企业自愿选择的环境行动，前者包括环境规制要求和倡导或要求碳金融市场机构实施的碳金融服务歧视政策，后者包括企业根据金融市场对其资源环境行动所需各种服务的满足而激励下的清洁技术开发和节能减排努力，最终使得所承接项目实现碳减排目标，规避碳污染转移，即使得所承接企业虽然排放总量不变但实现边际排放降低，或者排放总量和边际排放都降低。

第二节　基本建议

一、加强分类监管与行业节能减排

我国过去的经济快速发展以严重的环境透支为代价，使得大气、水资源、土壤遭受严重破坏。东部地区开放早、发展快，同时也是废水、废气大量排放的重点地区，生态环境破坏也尤其严重。为改善环境质量和调整产业结构，改变经济增长模式，东部发达地区开始提高产业技术标准和环保要求，执行较严厉的区域环境保护政策，加快了对碳锁定程度较高、污染物排放严重的产业的分类改造，这些压力迫使发达地区的企业逐步将污染密集型生产转移到中、西部欠发达地区。最近十年来，非金属矿采业、石油炼焦业、医药制造业、有黑色金属矿采业、煤炭开采业、食品制造业、专用设备制造业、石油炼焦业、电力热力供应业、非金属矿采业、有色金属矿采业等污染密集型产业不断向中、西部欠发达地区转入，污染随带转移问题凸显。正如李克强总理所言："要在确保环境不被污染的前提下，积极有序引导东部沿海地区产业转移。"① 对这些问

---

① 李克强. 以产业转移促进中国经济提质升级［EB/OL］. http://www.gov.cn/govweb/xinwen/2014 - 06/25/content_2708165.htm.

题的忽视不可避免地对我国经济增长模式转变和产业结构调整优化带来负面影响。这些问题的解决，要求环境监管部门等机构根据实际国际上发达经济体环境治理的经验，并考虑我国实际情况，针对大气、土壤和水资源等的污染进行排查，提取关键污染源、主要污染产业和企业，对诸如金属冶炼、石化行业等碳锁定高且碳污染排放严重的制造业，不断提高行业环保标准，加强环境规制；针对关键污染源、污染环节和主要污染企业进行分类，制定并实行分类环境监管；分类监管包括针对污染源的分类监管、针对不同经济梯度地区的分类监管、针对重点污染行业的分类监管和针对重点污染企业的分类监管；既不断提升其废弃物的排放标准、提出更高标准的环境保护要求，也根据主要污染产业和污染企业，依据其污染物排放程度制定行业和企业监管的能耗标准和要求；制定节能减排差异化政策，加大节能减排财政投入，强化节能减排工作力度，完善全国统一的节能减排统计和监测制度。在强化政府监管的同时，着力引导支持企业改变原有的"三高"型粗放发展模式，从环境规制制度和碳金融市场机制两个方面激励企业主动进行清洁技术研发、升级和改造。

二、合理设定区际环境规制级差与碳污染转移补偿机制

我国幅员辽阔，不同区域环境资源禀赋、清洁生产技术水平、产业结构及其在产业分工中的地位、经济梯度、社会心理、环保理念、消费习惯等方面存在巨大的差别，使得区域环境规制和碳金融市场的一些微观机制存在差别是自然的和合理的，这种差异性的环境规制有利于在全国范围内碳减排目标的实现和清洁生产技术研发、推广和升级，为协调区域经济发展、调整产业结构和环境治理之间的矛盾做出了贡献。环境规制级差在促进产业有序转移路径中居于核心地位。环境规制级差和区域资源禀赋、不完全市场、产品周期阶段共同促成了环境产品生产比较优势结构的变化；在环境规制强度高的地区，高额的污染治理成本促使企业实施环境寻求策略，实现污染密集型生产从环境规制程度高的地区向环境规制程度低的地区的迁徙，这个过程中出现环境污染的随带转移。而环境规制级差设定的基本依据是不同区域之间产业发展碳锁定和碳排放强度的不同。因此，需要完善关于产业转移全国统一的统计、审计和监测系统，

并运用可靠的方法和技术对不同区域的碳排放强度进行精确的测度，据此设立合理的环境规制级差，制定差异化产业发展和环境治理政策措施。同时，根据区际产业转移所涉行业、生产环节、转移规模等方面的统计监测指标，在环境规制级差的基础上，征收差别税率，并逐步建立起完善的区际碳排放污染转移补偿机制。通过碳排污染转移补偿，可以将企业碳排污染的负外部性成本内生化，并进入企业的生产函数，纠正企业忽视或者无视环境治理问题下生产函数的扭曲状态。一旦企业的方向性环境生产前沿函数调整，企业的环境寻求策略就会改变，进而导致行为变化。在此基础上，配合以严格有效的环境监管、碳金融服务的歧视性政策，促使企业自我激励，主动施行清洁生产管理，促使环境质量改善。

三、建立和完善碳金融市场和碳信征信系统

通过对产业有序转移过程中碳金融市场的作用和西方发达经济体碳金融市场发展的制度建设、体制建设、碳金融主体和客体建设经验的分析，可以看到，以碳排放权交易为核心的碳金融市场及其制度体系源自现实的需要。社会可持续发展，人们对生态环境的关注，企业节能环保及污染治理、清洁生产技术研发与推广中对金融服务的需求，以及规避涉碳风险的需求等因素共同推动了碳金融市场的产生和发展。碳金融市场所提供的市场化机制是对政府环境规制手段的有力配合，对促使企业自觉节能环保、主动进行清洁生产技术研发推广起到了重要作用，充分调动了微观个体减排增效的积极性。

为推动中国区际产业有序转移，实现经济增长与环境保护的同步，亟待建立起完善的、产权明晰的碳金融市场，借此将企业排污的外部性成本内生化。建议碳金融市场机制设计时，既要考虑全国范围内的统一性和公平性，也要兼顾区际环境和产业的差异化，以增加对主动减排和减排成效显著企业的激励，同时增高拒绝减排或者减排不达标者的市场惩戒。这是金融市场配合政府环境规制政策，在提供碳金融服务时建立碳减排歧视性机制的重要意义。鉴于碳排放权交易是碳金融市场的核心，其他的碳金融服务都在碳排放权交易的基础上产生和延展，因此，一个有法可依、严格监管且机制公平、富有流动性的碳排

放权交易市场是必须的。当前，我国碳金融市场的发展，除了缺乏一个满足上述条件的、有效的碳排放权交易市场之外，碳金融市场主体依然不够丰富，只有少数商业银行依照"赤道原则"展开绿色投融资业务，投资银行对环境产品的证券化等资本市场服务几乎空白，保险机构对涉碳金融风险也缺乏灵活有效的保险工具，其他碳金融主体中，除去介入较深的政府机构，其他民间金融机构很少。这体现了我国碳金融市场主体不但不丰富而且比较匮乏，碳金融市场金融工具也极度匮乏，距离满足企业在碳减排过程中对碳金融服务需求的满足还有很长的距离。从美国、欧盟和日本的碳金融市场发展经验看，完善的碳金融市场制度建设，丰富完备的机制建设、多样性的金融主体和金融工具是碳金融市场发展所必需的基本方面。因此，相较于发达经济体的碳金融市场，上述我们提及的我国碳金融市场发展不足的方面正是我们下一步要努力的方向。

在上述的分析中我们也看到，碳金融市场发展可以同时配合两种性质完全不同的环境行动：一是基于碳减排行为和成效建立起的、配合政府环境规制具有约束性的碳减排歧视性金融服务制度；二是基于市场竞争机制建立的各项市场机制，如投融资机制、风险保障机制等，通过对满足碳减排企业对涉碳活动的金融服务需求的满足而形成的市场激励机制。无论是碳减排歧视性政策的制定，还是碳金融服务对象的选择，都有一个共同因素，即碳减排授信企业的减排自觉性和减排成效。没有这方面的信息，碳金融市场前述两个角度的配合作用将难以有效发挥。这需要我们逐步建立并完善碳信用征信系统建设，建立企业和地区减排数据库，以构筑碳金融市场发展的信息基础。这是一项艰巨、长远但意义重大的市场基础性工作。

四、多渠道提升环境生产技术水平促进产业结构升级

不断提升环境生产技术水平是降低产业转移中的碳排放，实现产业结构调整升级的关键所在。鉴于清洁生产技术研发和推广的巨额费用和较长的周期，企业自觉进行清洁生产技术革新的动力往往不足。因此需要在政府的引导和市场机制的激励下，形成提升清洁生产技术的多渠道机制，以此有效推动产业结构的升级。

　　从政府的角度看，需要政府在加强立法、合理制定环境政策、严格监管之外，加大财政投入，提供更多优惠性政策，并积极引导，创新模式，激发企业自觉进行清洁生产技术研发推动的动力。加强知识产权保护，内引外连，形成清洁生产技术创新的良好氛围。从企业的角度看，在政策允许的范围内，可以合理地利用国际分工和自由贸易机制，将生产中高污染的中间投入品或者高污染产品实现进口替代，并强化"干中学"，不断提高清洁技术产品溢出的吸收和消化能力，通过进口替代战略的实施实现清洁生产技术升级。对于亟待提高的清洁生产技术的高排放、高污染、高能耗项目，可以利用我国作为《京都议定书》缔约国的便利条件，合理利用其中清洁发展机制，通过项目合作中的外资的先进技术示范和自我学习消化，逐步提升清洁生产技术和碳排放污染治理技术。从碳金融市场发展的角度看，可以创新环境金融投融资，丰富投融资主体，开发多样化的碳金融工具，创新环境风险保障机制，丰富和完善多样性的环境金融咨询、顾问等服务，不断满足企业有关节能减排的各种金融服务需求，进而形成促进节能环保、鼓励自主创新的市场激励机制。最终，从根本上推动我国企业生产节能减排，实现产业结构的优化升级。

参考文献

[1] 包晴. 中国经济发展中地区之间污染转移现象的表现形式及其原因分析 [J]. 北方民族大学学报, 2009 (3): 72-76.

[2] 曹佳, 王大飞. 我国碳金融市场的现状分析与展望 [J]. 经济论坛, 2010 (7): 154-157.

[3] 陈栋生. 区域经济学 [M]. 郑州: 河南人民出版社, 1993.

[4] 陈建军. 产业区域转移与东扩西进战略 [M]. 北京: 中华书局, 2002.

[5] 陈建军. 中国现阶段产业区域转移的实证研究——结合浙江 105 家企业的问卷调查报告的分析 [J]. 管理世界, 2002 (6): 64-74.

[6] 陈林, 朱卫平. 广东省产业转移的发展现状与特征 [J]. 国际经贸探索, 2010 (1): 24-28.

[7] 陈诗一. 能源消耗、二氧化碳排放与中国工业的可持续发展 [J]. 经济研究, 2009 (4): 41-55.

[8] 陈延晶. 对外直接投资的决定: 动机与区位 [M]. 北京: 中国经济出版社, 2012.

[9] 陈迎, 潘家华, 谢来辉. 中国外贸进出口商品中的内涵能源及其政策含义 [J]. 经济研究, 2008 (7): 11-25.

[10] 代迪尔. 产业转移、环境规制与碳排放 [D]. 长沙湖南大学博士学位论文, 2013.

[11] 丁刚. 国际产业转移: 中国产业与能源协调发展大战略 [M]. 北京: 电子工业出版社, 2013.

[12] 丁志国, 赵宣凯, 赵晶. 直接影响与空间溢出效应: 我国城市化进程对城乡收入差距的影响路径识别 [J]. 数量经济技术经济研究, 2011 (9): 118-130.

[13] 杜莉, 李博. 利用碳金融体系推动产业结构的调整和升级 [J]. 经济学家, 2012 (6): 45-52.

［14］付保宗. 中国产业区域转移机制问题研究［M］. 北京：中国市场出版社，2008.

［15］高彦春，刘昌明. 区域水资源开发利用的阈限分析［J］. 水利学报，1997（8）：73 – 79.

［16］格拉德尔，艾伦比. 产业生态学［M］. 施涵，译. 北京：清华大学出版社，2004.

［17］郭红燕，韩立岩. 外商直接投资、环境管制与环境污染［J］. 国际贸易问题，2008，308（8）：111 – 118.

［18］郭利平. 产业群落的空间演化模式研究［M］. 北京：经济管理出版社，2006.

［19］国家发展和改革委员会产业经济与技术经济研究所. 中国产业发展报告［M］. 北京：经济管理出版社，2013.

［20］国家发展和改革委员会. 中国资源综合利用年度报告（2014）［J］. 再生资源与循环经济，2014，7（10）：49 – 56.

［21］国务院关于中、西部地区承接产业转移的指导意见［N］. 经济日报，2010 – 09 – 07.

［22］郝海青. 欧美碳排放权交易法律制度研究［D］. 中国海洋大学博士论文，2012.

［23］何大安. 产业规制的主体行为与效应［M］. 上海：上海三联出版社，2012.

［24］胡鞍钢，郑京海，高宇宁，等. 考虑环境因素的省级技术效率排名（1999 – 2005）［J］. 经济学：季刊，2008（3）：933 – 960.

［25］胡鞍钢，郑京海，等. 考虑环境因素的省级技术效率排名［J］. 经济学（季刊），2008，7（3）：932 – 960.

［26］胡秋阳. 消费需求与产业升级［M］. 天津：南开大学出版社，2013.

［27］贾根良. 美国学派的生态经济学先驱思想及对我国的启示［J］. 社会科学战线，2011（10）：33 – 38.

［28］姜奕. 污染产业转移与西部环境质量［D］. 中南民族大学硕士学位论文，2012.

［29］金碚. 中国工业的转型升级［J］. 中国工业经济，2011（7）：5 – 14.

[30] 靖学青. 中国省际物质资本存量估计: 1952～2010 [J]. 广东社会科学, 2013 (2): 46－55.

[31] 拉巴特, 怀特. 碳金融: 碳减排良方或者金融陷阱 [M]. 王震, 译. 北京: 石油工业出版社, 2010.

[32] 雷勋平, 邱广华. 基于熵权 TOPSIS 模型的区域资源环境承载力评价实证研究 [J]. 环境科学学报, 2016, 36 (1): 314－323.

[33] 李博. 产业结构优化升级的综合测评与动态监测研究 [M]. 武汉: 华中科技大学出版社, 2013.

[34] 李布. 欧盟碳排放交易体系的特征、绩效与启示 [J]. 重庆理工大学学报: 社会科学版, 2010, 24 (3): 1－5.

[35] 李国平, 俞文华. 产业国际转移中我国产业结构重组基本策略探讨 [J]. 中国软科学, 1999 (2): 17－20.

[36] 李国志. 基于技术进步的中国低碳经济研究 [M]. 北京: 中国时代经济出版社, 2014.

[37] 李宏岳, 陈然. 低碳经济与产业结构调整 [J]. 经济问题探索, 2011 (1): 66－71.

[38] 李小平, 卢现祥. 国际贸易、污染产业转移和中国工业 CO_2 排放 [J]. 经济研究, 2010 (1): 15－26.

[39] 厉无畏. 转变经济增长方式研究 [M]. 上海: 学林出版社, 2006.

[40] 林百强. 能源金融 [M]. 北京: 清华大学出版社, 2011.

[41] 刘朝, 赵涛. 2020 年中国低碳经济发展前景研究 [J]. 中国人口: 资源与环境, 2011, 21 (7): 73－79.

[42] 刘红光, 刘卫东, 刘志高. 区域间产业转移定量测度研究——基于区域间投入产出表分析 [J]. 中国工业经济, 2011 (6): 79－88.

[43] 刘蕾. 区域资源环境承载力评价与国土规划开发战略选择研究: 以皖江城市带为例 [M]. 北京: 人民出版社, 2013.

[44] 刘丽敏, 杨淑娥. 生产者责任延伸制度下企业外部环境成本内部化的约束机制探讨 [J]. 河北大学学报 (哲学社会科学版), 2007, 32 (3): 79－82.

[45] 刘强, 庄幸, 姜克隽, 等. 中国出口贸易中的载能量及碳排放量分析 [J]. 中国工业经济, 2008 (8): 46－55.

[46] 刘淑琪. 我国引进外资过程中的污染转移问题研究 [M]. 山东财政学院学报，2001（1）：28 – 33.

[47] 刘志忠，陈果. 环境管制与外商直接投资区位分布——基于城市面板数据的实证研究 [J]. 国际贸易问题，2009（3）：61 – 69.

[48] 吕光明. 承载力理论与测度方法研究 [M]. 北京：中国人民大学出版社，2012.

[49] 莫大喜. 碳金融市场与政策 [M]. 北京：清华大学出版社，2013.

[50] 裴玮. 生态文明视野下区域承载力评价——基于成都经济区的实证分析 [J]. 四川环境，2014，33（6）：149 – 155.

[51] 潘东旭，冯本超. 徐州市区域承载力实证研究 [J]. 中国矿业大学学报，2003（5）.

[52] 齐安甜，曹爱红. 环境金融 [M]. 北京：中国经济出版社，2012.

[53] 乔海曙，潘永东. 碳金融：未来全球金融博弈的战略性新领域 [N]. 金融时报，2010 – 03 – 14.

[54] 乔海曙，潭烨. 2002 – 2010 年中国碳金融研究文献分析 [J]. 经济与管理，2011，25（8）：62 – 67.

[55] 芮明杰. 产业经济学 [M]. 上海：上海财经大学出版社，2005.

[56] 上海财经大学中国产业发展研究院. 中国产业发展报告（2014）[M]. 上海：上海财经大学出版社，2014.

[57] 宋蕾. 金融机构的 CSR 路径：用贷款杠杆压低碳排放 [N]. 第一财经日报，2008 – 04 – 10.

[58] 孙敬水，陈稚蕊，李志坚. 中国发展低碳经济的影响因素研究——基于扩展的 STIRPAT 模型分析 [J]. 审计与经济研究，2011，26（4）：85 – 93.

[59] 谭娟，宗刚. 我国低碳发展空间格局研究 [M]. 北京：知识产权出版社，2014.

[60] 唐剑武，叶文虎. 环境承载力的本质及其定量化初步研究 [J]. 中国环境科学，1998，18（3）：227 – 230.

[61] 汪斌. 东亚国际产业分工的发展和 21 世纪的新产业发展模式——由"雁行模式"向"双金字塔模式"的转换 [J]. 亚太经济，1998（7）：1 – 5.

[62] 王兵，吴延瑞，颜鹏飞. 环境管制与全要素生产率增长：APEC 的实

证研究 [J]. 经济研究, 2008 (5): 19 - 32.

[63] 王峰. 中国低碳经济转型中实现碳强度目标的政策绩效评估 [M]. 北京: 经济科学出版社, 2013.

[64] 王剑, 徐康宁. FDI 区位选择、产业聚集与产业异质——以江苏为例的研究 [J]. 经济科学, 2005 (4): 52 - 64.

[65] 王军. 理解污染避难所假说 [M]. 世界经济研究, 2008 (1): 57 - 72.

[66] 王勤花, 曲建升, 张志强. 气候变化减缓技术: 国际现状与发展趋势 [J]. 气候变化研究进展, 2007, 3 (6): 322 - 327.

[67] 王青, 顾晓薇, 郑友毅. 中国环境载荷与环境减压分析 [J]. 环境科学, 2006, 27 (9): 1916 - 1920.

[68] 王雪磊. 后危机时代碳金融市场发展困境与中国策略 [J]. 国际金融研究, 2012 (2): 77 - 84.

[69] 王遥. 碳金融: 全球视野与中国布局 [M]. 北京: 中国经济出版社, 2010.

[70] 许崇正, 李从刚. 碳金融本土化与中国碳金融体系的构建——2012 ~ 2014 年中外碳金融研究述评 [J]. 国外社会科学, 2015 (3): 138 - 147.

[71] 杨涛. 环境规制对中国对外贸易影响的实证分析 [J]. 当代财经, 2003 (10): 103 - 105.

[72] 杨志. 生态资本与低碳经济 [M]. 北京: 中国财政经济出版社, 2013.

[73] 易明, 杨树旺, 宋德勇. 资源环境约束与产业安全评价指标体系重构 [J]. 工业技术经济, 2007, 26 (9): 119 - 122.

[74] 曾刚, 万志宏. 国际碳金融市场: 现状、问题与前景 [J]. 国际金融研究, 2009 (10): 19 - 25.

[75] 曾贤刚. 环境规制、外商直接投资与"污染避难所"假说——基于中国 30 个省份面板数据的实证研究 [J]. 经济理论与经济管理, 2010, V (11): 65 - 71.

[76] 张成, 陆旸, 郭路, 等. 环境规制强度和生产技术进步 [J]. 经济研究, 2011 (2): 113 - 124.

[77] 张海洋. R&D 两面性、外资活动与中国工业生产率增长 [J]. 经济研究, 2005 (5): 107 - 117.

[78] 张会清，王剑. 企业规模、市场能力与 FDI 地区聚集——来自企业层面的证据 [J]. 管理世界，2011（1）：82 – 91.

[79] 张弢，李松志. 产业区域转移形成的影响因素及模型探讨 [J]. 经济问题探索，2008（1）：49 – 53.

[80] 张文磊，胡欢. 碳减排的国家驱动力分析及对中国的应对政策的探讨 [J]. 复旦学报（自然科学版），2010（1）：121 – 125.

[81] 赵哲，罗永明等. "污染避难所" 假说在中国的实证检验 [J]. 生态经济（中文版），2008（7）：102 – 104.

[82] 郑俊敏. 后金融危机时期中国环保投融资策略研究 [J]. 生态环境学报，2013（5）：905 – 910.

[83] 郑林昌，付加锋，李江苏. 中国省域低碳经济发展水平及其空间过程评价 [J]. 中国人口·资源与环境，2011，21（7）：80 – 85.

[84] 中华人民共和国国家统计局. 国际统计年鉴（2013）[M]. 北京：中国统计出版社，2013.

[85] 中华人民共和国国务院新闻办公室. 中国的能源政策（2012）[M]. 北京：人民出版社，2012.

[86] 周彧. 低碳经济与我国环境金融创新——一个战略的视角 [J]. 求索，2010（4）：42 – 44.

[87] 周振华. 产业结构优化理论 [M]. 上海：上海人民出版社，2014.

[88] Akbostanci E., Tun G. I., T-Asik S. T. R. Pollution haven hypothesis and the role of dirty industries in Turkey's exports [J]. Environ-ment and Development Economics, 2007, 12 (2): 297 – 322.

[89] Aldy J. E. Per capita carbon dioxide emissions: convergence or divergence? [J]. Environmental and Resource Economics, 2006, 33 (4): 533 – 555.

[90] Alper A., Onur G. Environmental kuznets curve hypothesis for subelements of the carbon emissions in China [J]. Natural Hazards, 2016, 82 (2): 1327 – 1340.

[91] Artaltur A., Kozak M., Artaltur A., et al. Destination competetiveness, the environment and sustainability: challenges and cases [J]. Annals of Tourism Research, 2016 (58): 177 – 178.

[92] Baumol W. J., Oates W. E. The theory of environment policy [J]. Land

Economics, 1976, 52 (2).

[93] Bernard A. B., Redding S. J., Schott P. K. Comparative advantage and heterogeneous firms [J]. The Review of Economic Studies, 2007, 74 (1): 31 – 66.

[94] Chiroleu-Assouline M., Fodha M. From regressive pollution taxes to progressive environmental tax reforms [J]. European Economic Review, 2012 (69): 126 – 142.

[95] Chung Y. H., Fare R., Grosskopf S. Productivity and undesirable outputs: A directional distance function Approach [J]. Journal of Environmental Management, 1997, 51 (3): 229 – 240.

[96] Cole M. A., Elliott R. J. R. FDI and the capital intensity of "dirty" sectors: a missing piece of the pollution haven puzzle [J]. Review of Development Economics, 2005, 9 (4): 530 – 548.

[97] Dales. Pollution, property and prices [M]. Toronto: University of Toronto Press, 1968.

[98] Deryugina T., Hsiang S. M. Does the environment still Matter? Daily temperature and income in the United States [R]. Nber Working Papers, 2014.

[99] Dunning J. H. International production and the multinational [M]. London: George Allen and Unwin, 1981.

[100] Eaton J., Kortum S., Kramarz F. Dissecting trade: firms, industries and export destinations [J]. American Economic Review Papers and Proceedings, 2006 (94): 150 – 154.

[101] Ederington J., Mimer J. Is environmental policy a secondary trade barrier? An empirical analysis [J]. Mimeo, 2005, 19 (8): 157 – 189.

[102] Eskeland G. S., Harrison A. E. Moving to greener pastures? Multinationals and the pollution haven hypothesis [J]. Journal of Development Economics, 2003, 70 (1): 1 – 23.

[103] Fan C., Scott A. Industrial agglomeration and development: a survey of spatial economic issues in East Asia and a statistical analysis of Chinese regions [J]. Economic Geography, 2003 (79): 295 – 319.

[104] Fare R., Grosskopf S., Pasurka C. A. Environmental production func-

tions and environmental directional distance functions [J]. Energy, 2007, 32 (7): 1055 – 1066.

[105] Glick R. , A. K. Rose. Contagion and trade [J]. Journal of International Money & Finance, 1999 (18): 603 – 617.

[106] Grether J. M. , Mathys N. A. , Melo J. D. Unravelling the worldwide pollution haven effect [J]. Social Science Electronic Publishing, 2006, 21 (1): 131 – 162.

[107] He J. Pollution haven hypothesis and environmental impacts of foreign direct investment: the case of industrial emission of sulfur dioxide in Chinese Provinces [J]. Ecological Economics, 2006 (60): 228 – 245.

[108] He J. Pollution haven hypothesis and environmental impacts of foreign direct investment: the case of Industrial emission of sulfur dioxide (SO$_2$) in Chinese provinces [C] // CERDI, 2005.

[109] Ida F. , Paul M. , Murat Y. H. Pollution havens, endogenous environmental policy and foreign direct investment [J]. Southern Economic Journal, 2015, 82 (1): 257 – 284.

[110] Integration S. T. Strategies for the commercialization and deployment of greenhouse gas intensity-reducing technologies and practices [J]. Office of Scientific & Technical Information Technical Reports, 2009.

[111] Janicka Małgorzata, Zofia Wysokińska. Financial markets and the challenges of sustainable growth [J]. Comparative Economic Research, 2016, 19 (2): 27 – 41.

[112] Javorcik B. S. , Wei S. J. Pollution havens and foreign direct investment: dirty secret or popular myth? [J]. The B. E. Journal of Economic Analysis & Policy, 2006, 3 (2): 1244.

[113] Jeňícek V. , Krepl V. Energy, environment and sustainable development [J]. Areal Research & Development, 2014, 41 (3): 427 – 440.

[114] King J. , King J. Foreign direct investment and pollution havens [J]. Journal of Economics & Econometrics, 2011, 54 (1): 39 – 47.

[115] Lee C. C. , Chang C. P. Stochastic convergence of per capita carbon dioxide emissions and multiple structural breaks in OECD countries [J]. Economic Model-

ling, 2009, 26 (6): 1375 – 1381.

[116] Lenzen M. , Murray S. A. A modified ecological footprint method and its application to Australia [J]. Ecological Economics, 2001, 37 (2): 229 – 255.

[117] Levinson A. , Taylor M. S. Unmasking the pollution haven effect [J]. International Economic Review, 2008. 49 (1): 121 – 143.

[118] Liang X. , Wang L. , Cui Z. Does it pay to be green? Financial benefits of environmental labeling among Chinese firms, 2000 – 2005 [J]. Management and Organization Review, 2015, 11 (3): 493 – 519.

[119] Lin N. I. , Deng H. , Yao T. Evaluation and countermeasures on hubei's investment environment competitiveness of modern service industry [J]. Science & Technology Management Research, 2015.

[120] Long N. V. , Siebert H. Institutional competition versus exante harmonization: the case of environmental policy [R]. Kiel Working Papers, 1989, 18 (2): 26 – 27.

[121] Melitz M. J. The impact of trade on Intra-industry reallocations and aggregate industry productivity [J]. Econometrica, 2003, 71 (6): 1695 – 1725.

[122] Montgomery D. Creating technologies to reduce greenhouse gas intensity: public options and opportunities [M]. Washington D. C. George C. Marshall Institute, 2005.

[123] Montgomery W. D. Markets in licenses and efficient pollution control programs [J]. Journal of Economic Theory, 1972, 5, 5 (3): 395 – 418.

[124] Maestad O. Environmental policy and public revenue with international capital mobility [J]. International Tax and Public Finance, 2006, 13 (1): 43 – 58.

[125] Myeong Hwan Kim, Nodir Adilov. The lesser of two evils: an empirical investigation of foreign direct investment-pollution tradeoff [J]. Applied Economics, 2012, 44 (20): 2597 – 2606.

[126] Nakano S. , Okamura A. , Sakurai N. , et al. The measurement of CO_2 embodiments in international trade: evidence from the harmonised input-output and bilateral trade database [J]. Oecd Science Technology & Industry Working Papers, 2009.

[127] Nijaki L. K. Going Beyond Growth: The green economy as a sustainable economic development strategy [M] // The Next Economics, 2013: 251 – 274.

［128］Olewiler N. Globalization, Economic integration and the environment ［J］. Global Environmental Change, 2009, 8 (2): 38 – 45.

［129］Oueslati W. Environmental tax reform: short-term versus long-term macroeconomic effects ［J］. Journal of Macroeconomics, 2014, 40 (4): 190 – 201.

［130］Pacnik N. Trade liberalization, exit and product ivy improvements: evidence from Japanese manufacturers ［J］. Journal of Japanese and International Economics, 2002 (19): 255 – 271.

［131］Perkins R., Neumayer E. Do recipient country characteristics affect international spillovers of CO^2-efficiency via trade and foreign direct investment? ［J］. Climatic Change, 2012, 112 (2): 469 – 491.

［132］Perkins R., Neumayer E. Transnational linkages and the spillover of environment-efficiency into developing countries ［J］. Ssrn Electronic Journal, 2009, 19 (3): 375 – 383.

［133］Peters G. P., Hertwich E. G. CO_2 embodied in international trade with implications for global climate policy ［J］. Environmental Science & Technology, 2008, 42 (5): 1401 – 1407.

［134］Pethig R. Pollution, welfare and environmental policy in the theory of comparative advantage ［J］. Journal of Environmental Economics and Management, 1976 (2): 160 – 169.

［135］P. Krugman. Scale economy, product differentiation and trade models ［J］. American Economic Review, 1980 (70): 950 – 959.

［136］Pittman R. W. Multilateral productivity comparisons with undesirable outputs ［J］. The Economic Journal, 1983 (2).

［137］Porter M. E., Claas V. D. L. Toward a new conception of the environment-competitiveness Relationship ［J］. Journal of Economic Perspectives, 1995, 9 (4): 97 – 118.

［138］Poterba J. M. Global Warming Policy: A Public Finance Perspective ［J］. Journal of Economic Perspectives, 2009, 7 (4): 47 – 63.

［139］Rajamani L. The cancun climate agreements: reading the text, subtext and tea leaves ［J］. International & Comparative Law Quarterly, 2011, 60 (2), 499 – 519.

［140］Sanna-Randaccio F. , Sestini R. , Tarola O. Unilateral climate policy and foreign direct investment with firm and country heterogeneity ［J］. Environmental & Resource Economics, 2017, 67（2）: 379 – 401.

［141］Shui B. , Harriss R. The role of CO_2 embodiment in US-China trade ［J］. Energy Policy, 2006, 34（18）: 4063 – 4068.

［142］Siebert H. Environmental quality and the gains from trade ［J］. Kyklos, 1977, 30（4）: 657 – 673.

［143］Sonia Labatt, Rodney R. White. Carbon Finance: the financial implications of Climate Change ［M］. New Jersey: John Wiley & Sons, I nc. , 2007: 11 – 22.

［144］Sonia Labatt, Rodney R. White. Carbon Finance ［M］. New Jerscy: Hoboken, 2009.

［145］Taylor S. The economics of pollution havens ［M］. UK: Edward Elgar Publishers, 2006.

［146］The World Bank. Carbon finance annual report ［R］. 2009.

［147］The World Bank. 10 years of experience in carbon finance ［R］. 2009.

［148］Vernon R. International investment and international trade in the product cycle ［J］. The Quarterly Journal of Economics, 1966, 8（2）: 307 – 324.

［149］Walter I. , Ugelow J. L. Environmental policies in developing countries ［J］. Ambio, 1979, 8（2 – 3）: 102 – 109.

［150］Weber C. L. , Peters G. P. , Guan D. The contribution of Chinese exports to climate change ［J］. Energy Policy, 2008, 36（9）: 3572 – 3577.

［151］Wei C. , Ni J. , Du L. Regional allocation of carbon dioxide abatement in China ［J］. China Economic Review, 2012, 23（3）: 552 – 565.

［152］Wheeler D. Racing to the bottom? Foreign investment and air pollution in developing countries ［J］. New Ideas in Pollution Regulation World Bank, 2010（10）: 225 – 245.

［153］Xie Chuansheng, Xu Xin, Hou Wentian. Comprehensive evaluation of urban low-carbon economy based on fuzzy rough Set ［C］. Included in IEEE, 2010, 978 – 1 – 4244 – 7161 – 4/10.

［154］Xing, Kolstad C. D. Do lax environmental regulations attract foreign investment? ［J］. Environmental and Resource Economics, 1996 (21): 1 –22.

［155］ Xing Y. , Kolstad C. D. Do lax environmental regulations attract foreign investment? ［J］. Environmental and Resource Economics, 2002, 21 (1): 1 –22.

［156］ Xu M. , Williams E. , Allenby B. Assessing environmental impacts embodied in manufacturing and labor input for the China-U. S. trade. ［J］. Environmental Science & Technology, 2010, 44 (2): 567 –573.

［157］ Yan L. D. , Yang L. K. China's foreign trade and climate change: a case study of CO_2 emissions ［J］. Energy Policy, 2010, 38 (1): 350 –356.

后　记

本书是在我博士论文的基础上修改完成，将理论和实践相结合来分析问题和解决问题。本书的完成，得到了众多教授、导师和同学的无私帮助，值本书完成之际，谨致真诚谢意！

所有的成绩，来自导师的栽培和师友的帮助。点滴雨露之间，已然桃李芳菲。跟随罗良文教授的学习研究，是艰苦但快乐的，这已然是我人生新的起点，与我，这几乎是脱胎换骨般重要的光阴。在这个过程中，恩师于繁忙的工作、教学、科研之余，全方位惠于我帮助，尽心地指导，不厌其烦地讲解，一步步将我导入恢宏的学术殿堂。恩师在产业发展领域的独到的灼见，直接启发和引导着我最终完成学位论文并最终修订完成本书稿。回顾历程，我人生最大的收获之一，就是从恩师的身上逐渐地学会如何做人、如何做事。恩师渊博的学识、严谨的治学态度、虚怀若谷和为人谦和的品质、稳健而不失进取的学术风格以及饱满的工作热情，让我深感敬佩。这是我人生享用不尽的财富。

本书的完成，也得益于亲爱的同学和其他师友的无私帮助，一并表示感谢。我会时刻惦念与大家在一起的时光。

感谢我的家人，在我研究和学习的困难之际，做我最坚强的后盾。在我无暇顾及家庭的时刻，他们的体谅和理解给我平添更大的动力。让我时刻以饱满的热情投入研究当中。

谨将拙作献给所有挚爱的恩师、师友和家人，将所有的果实与你们一起快乐分享。一段路程的结束意味着新的征程开始。我一定会带着你们的教诲，循着理想，勇敢前行。

雷鹏飞

于中南财经政法大学南湖

2019 年 8 月